地図帳の記号と文字

JN081135

地形の記号

山脈　氷河　諸島　列島　岬　海(100m・年間氷結)　流氷の限界

人造湖　ダム

都市標高◎ 312(m)　可航上限　可航下限　用水路　河川　湿地　入江　堆(バンク)　海溝の一番深い所 海溝 9550(m)

高原（乾燥地にみられる降水時のみ流水のある河川）　温泉　火山頂 ▲3527(m)　運河　建設予定地　台地　干潮時にあらわれる砂地

砂漠（岩砂漠）　鉱泉　平野　干潮時にあらわれる泥地　砂浜海岸　海洋

低地　標高 一水深(m)　湖沼　山頂 ▲2312(m)　サンゴ礁　海溝

を含む湿地　（流路の定まっていない河川）

世 界

市 街 地	------	日 付 変 更 線	✕	炭 田	
ロンドン LONDON	——	高 速 鉄 道	♯	油 田	
300万人以上の都市					
シカゴ CHICAGO 100～300万人の都市	——	鉄 道	⬠	ガ ス 田	
グラスゴー Glasgow 50～100万人の都市	----	建 設 中 の 鉄 道	✕	峠	
ボルドー Bordeaux 10～50万人の都市	——	高 速 道 路	+	特 殊 建 造 物 ・ 重 要 な 地 点	
ピサ Pisa 10万人未満の都市	——	道 路			
都市の一部	パナマ 距離(km) シティ ←8882→ロンドン 航 路		**領 土 記 号**		
●●● 首 都	⊕ 主 要 空 港		〔ア〕 アメリカ合衆国		
スイス SWITZERLAND 州 ・ 省 都 な ど 国 界	⚓ 港		〔イ〕 イ ギ リ ス		
未確定・係争中の国界	城 壁		〔オ〕 オ ラ ン ダ		
テキサス TEXAS 州・省界など	⋰ 史 跡 歴史的に重要な地名		〔オー〕 オーストラリア		
共和国 SAKHA 共 和 国 界 自治共和国界	⋰ 名 勝		〔ス〕 ス ペ イ ン		
ネ ネツ自治管区 Nenets 自 治 管 区 界 自 治 州 界	—— パイプライン(原油)		〔デ〕 デ ン マ ー ク		
西サハラ WESTERN SAHARA 非 独 立 国	国 立 公 園		〔ニュー〕 ニュージーランド		
	✕金 鉱 山		〔ノ〕 ノ ル ウ ェ ー		
			〔フ〕 フ ラ ン ス		
			〔ポ〕 ポ ル ト ガ ル		

日 本

●号は市町村役場の位置を示す

市 街 地	国 立 公 園		♯ 油 田		
▣ 横浜 300万人以上の市	国 定 公 園		⬠ ガ ス 田		
⊡ 神戸 100～300万人の市	═ 橋		**拡大図の記号**		
⊡ 船橋 50～100万人の市	⊕ 国際線のある空港		〔50万分の1の拡大図〕		
⊚ 藤沢 20～50万人の市	✈ 国内線のみの空港		○ 都 道 府 県 庁		
⊙ 大垣 10～20万人の市	⚓ 商 港		主 要 道 路		
⊙ 芦屋 5～10万人の市	⚓ 漁 港		有 料 道 路・ 自動車専用道路		
⊙ 土佐 5万人未満の市	⋰ 史 跡 歴史的に重要な地名		**都市図の記号**		
○ 別海 町 ・ 村	✕ 古 戦 場 跡		⊙ 都 道 府 県 庁		
・ 浦賀 字(旧市町村など)	⋰ 名 勝		◎ 市 役 所		
▣◎◉ 都道府県庁所在地	⋰ 天 然 記 念 物		○ 区 役 所		
◎●● 北海道の振興局所在地	♯ 神 社		都 府 県 界		
地 方 界	卍 寺 院		市 郡 界		
都 道 府 県 界	城 跡		町 村 区 界		
北海道の振興局界	★ 特 殊 建 造 物		JR 新 幹 線		
旧 国 界	+ その他の重要な地点		新幹線以外のJR線		
トンネル 建設中 JR 新 幹 線	☆ 灯 台		JR以外の私鉄		
トンネル 建設中 JR 線	☆ 火 力 発 電 所		地 下 鉄		
トンネル 建設中 JR以外の私鉄	⚡ ダム・水力発電所		路 面 電 車		
トンネル 建設中 高 速 自 動 車 道 おもな有料道路・ 自動車専用道路	◉ 原 子 力 発 電 所		高 速 自 動 車 道 有 料 道 路		
トンネル 建設中 一 般 国 道	⚡ 地 熱 発 電 所		一 般 国 道		
航 路	✕ 石灰石 鉱 山		⊗ 高 等 学 校		
パイプライン(原油/ 天然ガス)	(明延) 閉山した鉱山		⊞ 陵 墓		
	✕ 炭 田				

も く じ ①

2 世界の国々

ヨーロッパ
1:40 000 000
0 ────── 500km
(ただし北緯45°上での長さ)

2 国家群
1:330 000 000
0 ────── 5000km

英連邦	スペイン語圏	ムスリム(イスラム教徒)の割合の高い国・地域	国名 国連安全保障理事会の常任理事国
かつてのフランス共同体と協力国	ポルトガル語圏	その他の国・地域	首都
	スラブ族の国		人口300万人以上のおもな都市 人口300万人未満のおもな都市

※ 2023年7月現在、ベネズエラは加盟資格停止中。
ボリビアは各国議会の批准待ち。

USMCA(米国・メキシコ・カナダ協定)
MERCOSUR(南米南部共同市場)※
AU(アフリカ連合)

EU(ヨーロッパ連合)
CIS(独立国家共同体)
SAARC(南アジア地域協力連合)
ASEAN(東南アジア諸国連合)

* カメルーン、ルワンダ、モザンビークは英連邦に加盟しているが、公用語はそれぞれフランス語・英語、フランス語・英語、ポルトガル語である。

4 世界の地形

① 世界の地形　1:135 000 000　ミラー図法

② 世界の地震と火山　1:400 000 000

③ 大陸の移動と現在のプレートの分布

地理思想の発達

年　　代	おもなことがら
B.C.2500ごろ	バビロニアの所領図
B.C.700ごろ	バビロニアの世界地図
B.C.500ごろ	ヘカタイオス「世界周記」
B.C.450ごろ	ヘロドトス「歴史」
B.C.350ごろ	アリストテレス，地球球体説を実証
B.C.200ごろ	エラトステネス，地球の大きさ測定
B.C.139～126	張騫，西域へ遠征
A.D.150ごろ	プトレマイオス「地理学」
412	法顕「仏国記」
646	玄奘「大唐西域記」
805ごろ	行基図，このころから広まる
900ごろ	TOマップ，ヨーロッパに出現
980ごろ	ノルマン人，グリーンランドへ渡来
1154	イドリーシー，世界図作成
1271～95	マルコ=ポーロ「世界の記述」（東方見聞録）
1355	イブン=バットゥータ，三大陸周遊
1488	バルトロメウ=ディアス，喜望峰到達
1492	マルティン=ベハイム，地球儀作成
	コロンブス，大西洋横断
1498	ヴァスコ=ダ=ガマ，インド到達
1513	バルボア，パナマ地峡横断
1519～22	マゼラン艦隊，世界周航
1543	ポルトガル人，種子島漂着
1569	メルカトル，正角円筒図法考案
1617	スネル，三角測量実施
1642	タスマン，タスマニア発見
1728	ベーリング，ベーリング海峡発見
1736	仏学士院地球扁平楕円体実証
1768～79	クック，太平洋探検
1800	伊能忠敬測量事業開始
1817	リッター，「一般比較地理学」
1818	カッシニ，フランス地形図作成
1845～62	フンボルト，「コスモス」
1872	日本で三角測量開始
1882～91	ラッツェル，「人文地理学（人類地理学）」
1884	国際子午線会議，本初子午線決定
1885～1935	ヘディン，中央アジア探検
1911	アムンゼン，南極点到達
1922	ブラーシュ，「人文地理学原理」
1947	国際民間航空図作成開始
1962	測地人工衛星打ち上げ
1994	国連海洋法条約発効
1998～	国際宇宙ステーションの建設始まる

コロンブスの
サンタマリア号

全　長：25.7m
幅　　：7.6m
トン数：約100t
人　員：40人乗り

1 古代の世界像

はじめは自分たちが生活する土地だけの世界観であったが，地中海沿岸都市の発展により広く交易が行われるようになると，地球球体説に基づく正確な地図もつくられるようになった。

①バビロニアの地□

◀自分たちの住むバビ
ロニアを世界の中心に
すえ，そこから目にす
ることのできる土□を
円盤状に描き，その□
囲を海が囲んでいると
考えていた。

1. 海
2. 山
3. バビロン
4. 小都市
5. ユーフラテス川
6. 湿地帯
7. ペルシア湾

2 中世の世界像

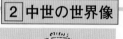

中世のヨーロッパでは，キリスト教の勢力が強□となり，教義に基づく世界観が強制された。一方イスラーム世界では，ギリシャ・ローマ世界の科学□知識と，イスラーム商人たちによって集められた□地の情報により，正確な地図が作成された。

①TOマップ

◀キリスト教の教義□
基づき，キリストの□
誕地エルサレムを中□
とし，楽園が存在する
という東を上に，アジ
ア・アフリカ・ヨー□
ッパの三大陸が描かれ
ている。

T：横線はタナイ
ス川（現在の
ドン川）とナ
イル川を示し，
縦線は地中海
を表す。
O：世界の周辺を
とりまくオケ
アノス（大洋）
である。

3 近・現代の世界像

近代にはいると，領土的野心と□□
地分割のために地球全体の正確な□
が求められるようになった。また□□
では人工衛星の利用による測量技□
向上により，統一した基準での世□
図が作成されるようになった。

50.7cm

①マルティン=ベハイム
　の地球儀

◀現存する最古の地球儀として□
イツのニュルンベルク博物館に□
管されている。地球儀の作成と□
年にコロンブスがインドに□か
けて出航しているが，□□
ロンブスがほぼ同様□
知識をもって出航□
たとすると，彼が□□
のような勘違いを□□
ることになるだろう□

注）ベハイムの地球儀をハンメル図法に投影したもの□

）エラトステネスの測定

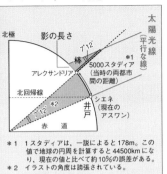

＊1　1スタディアは、一説によると178m。この
　　　値で地球の円周を計算すると44500kmにな
　　　り、現在の値と比べて約10%の誤差がある。
＊2　イラストの角度は誇張されている。

ギリシャ時代には地球球体説が唱えられた。エ
トステネスは、同一経線上のシエネとアレクサ
ドリアにおける南中時の影の長さの違いと両都
間の距離から、地球の円周を計算した。

③プトレマイオスの世界図

注）下図は、プトレマイオスの
　　著書をもとに15世紀に
　　作成されたもの

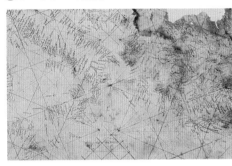

▲彼は、地球を360度に等分した経緯線網を設定し、球体である
地球を平面に描く方法として、はじめて投影法を考案した（現在の
円錐図法）。地図は半球図であり、180度東に中国が描かれている。
地中海世界はかなり詳しいが、他の地域は不正確になっている。

イドリーシーの世界図

ばくだいな富をもたらす他地
との交易にとって、正確な地
は不可欠なものであった。シ
リア王に仕えたイドリーシー
　　プトレマイオスの科学性と
スラームの広範な地理情報を
とに世界図を作成した。

イスラーム世界の科学の発展

1. アラビア数字の発明
2. ゼロの概念
3. 三次方程式・代数
4. 地球球体説
5. 緯度・経度の測定
6. 光の屈折率の計算
7. 比重の測定
8. 化学（酸・アルカリなど）

③ポルトラノの海図

▲13世紀にはいると十字軍の遠征も海上輸送が主流と
なり、実用性の乏しいそれまでのTOマップではなく、
安全な航海に必要な海図が作成された。この地図がそ
の後の北イタリア諸都市の繁栄を促すことになる。

）メルカトルの世界図

注）下図は、メルカトルの地図の輪郭を
　　利用して作られたクワッドの地図

大航海時代になると、外洋航海に使える正確な地図が必要にな
、1569年フランドル地方（現在のベルギーからフランス北部
かけての地域）出身のメルカトルがその図法を考案した。メル
トル図法では、等角航路が直線で表される。この結果、地図上
計った蛇角で羅針盤を見ながら進めば正確に目的地に着ける。
ーロッパやアフリカの輪郭は正確だが、北・南アメリカ大陸は
正確である。上の図でまだ未確認の大陸はどこだろうか。

4 日本人の世界像

豊かな自然に恵まれ周囲を海で囲ま
れている日本は、他地域に積極的に交
易に出かける必要性は低かったため、
世界像はあまり拡大しなかった。

① 伊能図「日本輿地図藁」

▶開国を求めてたびたび現れるよう
になった外国船に対し、沿岸警備の
ため幕府は測量技術をも
つ伊能忠敬に日本全図の
作成を命じた。

彼は自ら海岸線を歩き日本
全土の測量を終えたが、地
図の完成を見ずに亡くなった。

1 山地の地形

① 褶曲山地

Ⓐ アルプス山脈

Ⓑ アルプスの褶曲運動

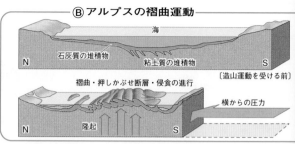

海

石灰質の堆積物　　粘土質の堆積物

〔造山運動を受ける前〕

褶曲・押しかぶせ断層・侵食の進行

隆起　　　　横からの圧力

② 断層山地

Ⓐ 近畿地方の断層地形

琵琶湖　　鈴鹿山脈

大阪平野　笠置山地　断層崖　伊勢湾

奈良盆地　　　地塁

傾動地塊　　逆断層

Ⓑ 断層の種類

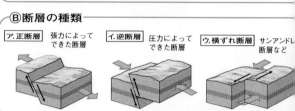

ア. 正断層　張力によってできた断層

イ. 逆断層　圧力によってできた断層

ウ. 横ずれ断層　サンアンドレアス断層など

③ 火山地形

カルデラ──有珠山──

洞爺湖温泉

2000年4月噴火地点

金比羅山

西山　小有珠　中央火口丘　大有珠

有珠山

外輪山　火口原　昭和新山

楯状火山や円錐状火山の山頂部が広く陥没（または爆発）したもの。

▶サンアンドレアス断層は、アメリカカリフォルニア州を縦に貫く巨大な横ずれ断層帯である。写真中央の山脈のように見える列状の部分が、大地が南北にすれ違っているところである。

溶岩円頂丘　おもに粘性の大きい溶岩からなる。火口丘などに多い。

火山岩尖　火口内で固まった溶岩の柱が押し上げられたもの。

マール　爆発によってできた火口状のくぼ地。

成層火山

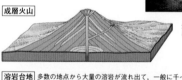

溶岩と火砕物（爆発による放出物）とからなる成層火山。

溶岩台地　多数の地点から大量の溶岩が流れ出て、一般に千〜数万km²の広がりをもつ。

2 平野の地形

① 侵食平野

Ⓐ ケスタ地形──パリ盆地

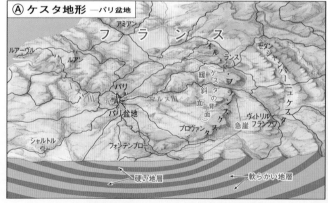

フランス

アミアン

ルアーヴル

ルアン

イル・ド・フランス

セダン　シャンパーニュケスタ

テスト

ケスタの背面

緩斜面

パリ

パリ盆地

マルヌ川

ヴィトリル

プロヴァンス

急崖

フランケ

シャルトル

フォンテンブロー

硬い地層　　軟らかい地層

Ⓑ 侵食平野の地形

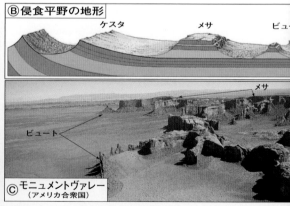

ケスタ　　メサ　　ビュ

メサ

ビュート

Ⓒ モニュメントヴァレー（アメリカ合衆国）

地形の侵食輪廻

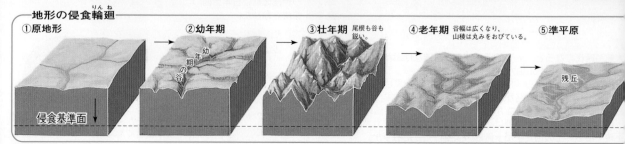

①原地形　　②幼年期　　③壮年期　尾根も谷も鋭い。　　④老年期　谷幅は広くなり、山稜は丸みをおびている。　　⑤準平原

幼年期の谷

侵食基準面

残丘

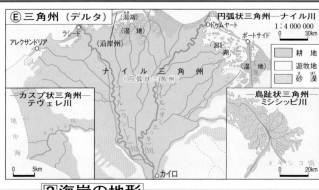

Ⓔ三角州（デルタ）

Ⓕガンジスデルタ

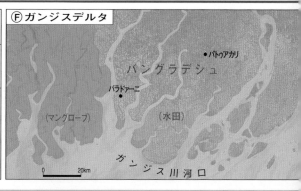

③海岸の地形

沈水海岸

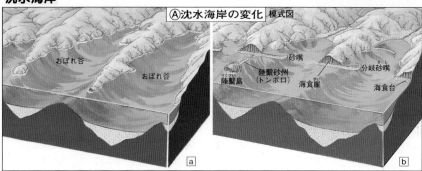

Ⓐ沈水海岸の変化　模式図

Ⓑリアス海岸　スペイン　ガリシア地方

Ⓒフィヨルド　ソグネフィヨルド（ノルウェー）

Ⓓ三角江（エスチュアリ）　セーヌ川河口（フランス）

㋐砂嘴　野付崎（北海道）

◀大きな波のある地域に発達した砂嘴は、湾奥に向かって屈折する。堆積作用が間歇的に起こると、左の写真のような分岐砂嘴が生じる。

㋑リアス海岸　三陸海岸（岩手県）

◀三陸海岸の南半分は、複雑な入り江が並ぶ典型的なリアス海岸である。入り江の奥は良港となる。また、各湾にはのりなどの養殖場がある。

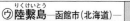

㋒陸繋島　函館市（北海道）

▲函館山はもとは島であったが、沿岸流によって、島と陸間に砂が堆積してつながった。陸繋砂州（トンボロ）の上街が広がり、函館山から眺める夜景が美しく、函館山は観地となった。

④氷河地形

氷河地形 —模式図—

氷原 高原をおおう氷河。

ホーン
氷食によってできた鋭い峰。

山岳氷河
谷を流れ落ちる氷河。融けるとカールやU字谷となる。

▼氷河は降り積もった雪が長い年月をかけて氷に変わったもので、たいへん重い。氷と岩盤が接するところは、摩擦によって氷が溶け動くようになる。岩盤を削り取ってさまざまな氷河地形を作り出す。

大陸氷河（大陸氷床）
—最終氷期の氷河の分布—

[Physical Elements of Geography, ほか]

グリーンランド氷床
ローレンタイド氷床
ブリテン島氷帽
スカンディナヴィア氷床
アルプス氷帽
ピレネー氷帽

グリーンランド氷床 / ベルリン / ワルシャワ / キーウ（キエフ）/ モスクワ / ブリュッセル / ピレネー

氷河の方向
氷河の範囲
1000km / 1000km

モレーン
氷河の侵食・運搬作用によって、氷河の末端や側方に砂礫が堆積したもの。

氷河湖
氷河によってえぐられた凹地にできた湖やモレーンによってせき止められてできた湖。

フィヨルド
U字谷に海水が浸入したもの。

⑤カルスト・サンゴ礁

タワーカルスト —コイリン（桂林）—（中国）

③ ホーンとU字谷 —グリンデルヴァルト近郊—（スイス）

カルスト地形 —カルスト地方—（スロベニア）

[Seydlitz für Gymnasien]

ドリーネ / 溶食盆地（ポリエ）/ ウバーレ / ドリーネ / 地下の川の出口 / 鍾乳洞 / 石灰岩

③サンゴ礁 —模式図—

A 海洋島型 —島が沈降—（ミクロネシアなど）
ア 裾礁 中央島
イ 堡礁 礁湖
ウ 環礁 礁湖

B 島弧型 —島が隆起（琉球諸島など）
サンゴ礁段丘 / 基盤層

C 大陸棚型（グレートバリアリーフ）
礁湖 / 大陸棚 / 大陸

④ 裾礁 —モーレア島—（タヒチ，フランス領ポリネシア）

⑤ 堡礁 —ボラボラ島—（タヒチ，フランス領ポリネシア）

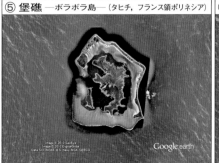

⑥ 環礁 —エボン環礁—（マーシャル諸島）

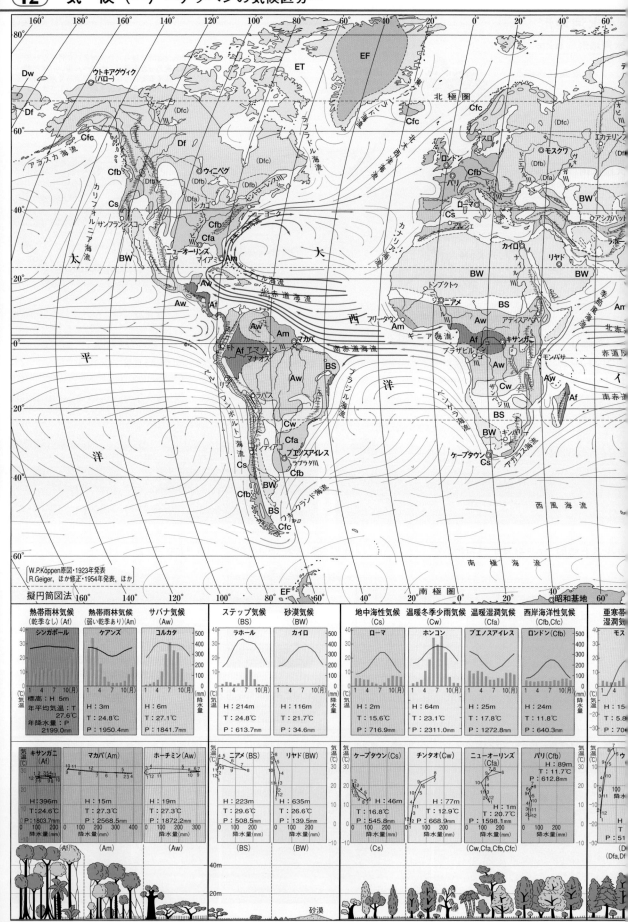

W.P.Köppen原図・1923年発表
R.Geiger, ほか修正・1954年発表, ほか

擬円筒図法

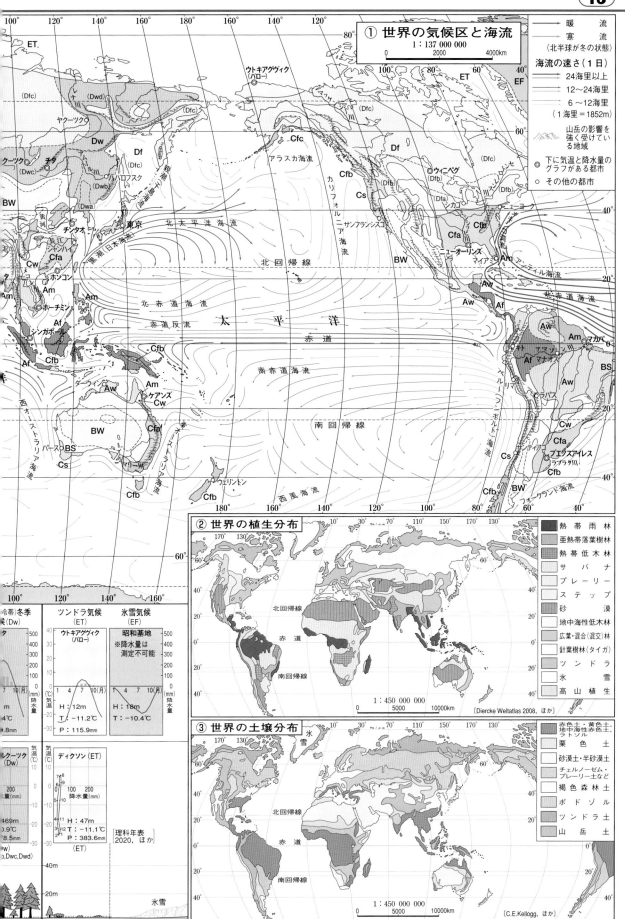

① 世界の気候区と海流

② 世界の植生分布

③ 世界の土壌分布

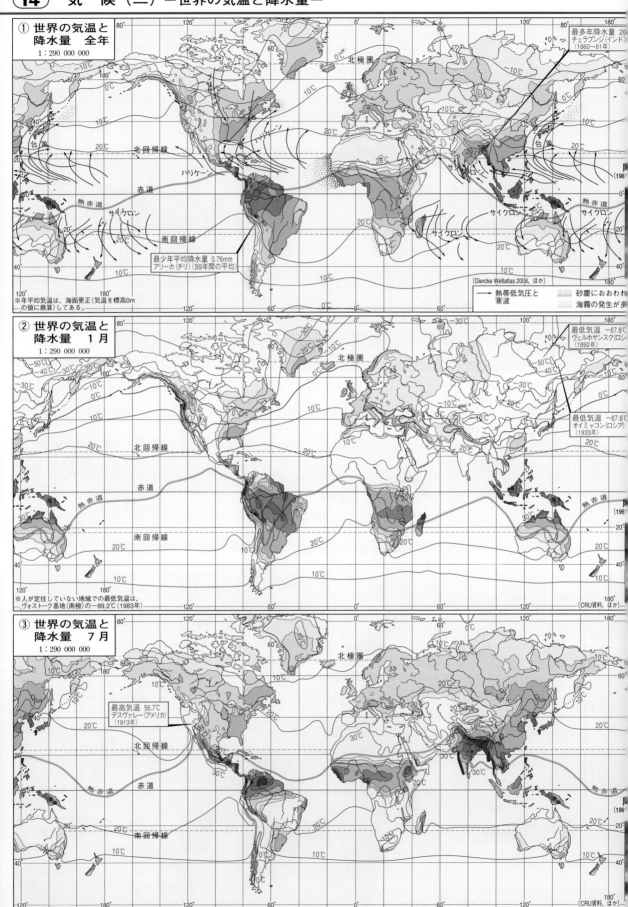

① 世界の気温と
　降水量　全年
　1：290 000 000

最多年降水量 26
チェラプンジ（インド）
（1860～61年）

北極圏

北回帰線

ハリケーン

熱赤道

サイクロン

赤道

サイクロン

サイクロン

サイクロン

熱赤道

南回帰線

最少年平均降水量 0.76mm
アリーカ（チリ）（59年間の平均）

〔Diercke Weltatlas 2008, ほか〕

※年平均気温は、海面更正（気温を標高0m
　の値に換算）してある。

熱帯低気圧と　　砂塵におおわれ
寒波　　　　　　海霧の発生が多

② 世界の気温と
　降水量　1月
　1：290 000 000

最低気温 －67.8℃
ヴェルホヤンスク（ロシア）
（1892年）

北極圏

最低気温 －67.8℃
オイミャコン（ロシア）
（1933年）

北回帰線

赤道

熱赤道

熱赤道

南回帰線

※人が定住していない地域での最低気温は、
　ヴォストーク基地（南極）の－89.2℃（1983年）

〔CRU資料, ほか〕

③ 世界の気温と
　降水量　7月
　1：290 000 000

北極圏

最高気温 56.7℃
デスヴァレー（アメリカ）
（1913年）

北回帰線

赤道

熱赤道

熱赤道

南回帰線

〔CRU資料, ほか〕

〔ミラー図法〕　縮尺は赤道上でのみ通用する

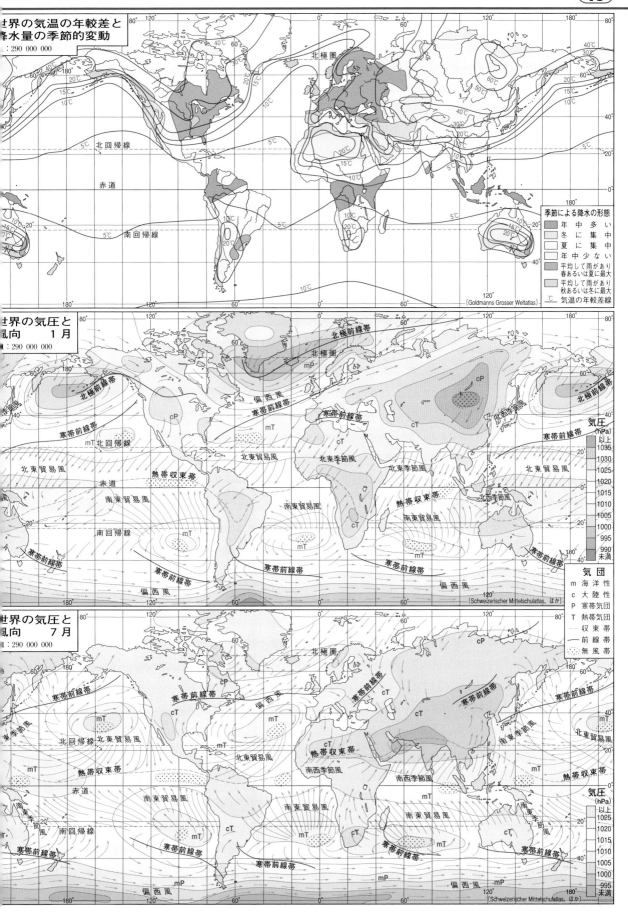

世界の気温の年較差と
降水量の季節的変動
: 290 000 000

40℃
30℃
20℃
15℃
10℃
5℃ 北回帰線
赤道
南回帰線
5℃
10℃
北極圏
北回帰線
赤道
南回帰線

季節による降水の形態
年中多い
冬に集中
夏に集中
年中少ない
平均して雨があり
春あるいは夏に最大
平均して雨があり
秋あるいは冬に最大
℃　気温の年較差線
〔Goldmanns Grosser Weltatlas〕

世界の気圧と
風向　　1月
: 290 000 000

北極前線帯
北極圏
mP
cP
北極前線帯
寒帯前線帯
mT　北回帰線
cP
mT
寒帯前線帯
cT
cT
北東季節風
北西季節風
北極前線帯
北極前線帯
寒帯前線帯
北東貿易風
北東貿易風
赤道
熱帯収束帯
北東貿易風
南東貿易風
南東貿易風
南東貿易風
熱帯収束帯
南回帰線
mT
mT
mT
寒帯前線帯
寒帯前線帯
寒帯前線帯
偏西風
偏西風
寒帯前線帯

気圧
(hPa)
以上
1035
1030
1025
1020
1015
1010
1005
1000
995
990
未満

気　団
m　海洋性
c　大陸性
P　寒帯気団
T　熱帯気団
収束帯
前線帯
無風帯

〔Schweizerischer Mittelschulatlas, ほか〕

世界の気圧と
風向　　7月
: 290 000 000

北極圏
cP
寒帯前線帯
cT
寒帯前線帯
cT
寒帯前線帯
寒帯前線帯
cT
mT
mT
mT
偏西風
北回帰線　北東貿易風
北東貿易風
南西季節風
熱帯収束帯
cT
cT
cT
北東季節風
mT
南東季節風
熱帯収束帯
mT
赤道
熱帯収束帯
南東貿易風
南東貿易風
南回帰線
cT
mT
mT
mT
cT
寒帯前線帯
寒帯前線帯
寒帯前線帯
偏西風
mP
mP
mP
偏西風

気圧
(hPa)
以上
1025
1020
1015
1010
1005
995
未満

〔Schweizerischer Mittelschulatlas, ほか〕

②サバナ(Aw)気候（ケニア） 熱帯雨林気候の周辺にあり、草原にアカシアなどの樹木が点在する。1年が雨季と乾季とに分かれ降水量は季節的に大きく変動する。写真は草原が一面緑色であることから雨季であることがわかる。

①熱帯雨林(Af)気候（マレーシア） 1年中高温多雨で、高さ30～50mの常緑広葉樹が熱帯雨林を形成する。樹種が多く、高さの異なる樹木が複数の層をなし、内部は昼間でもうす暗い。土壌はやせており、粗放的な焼畑が行われてきた。

⑤温暖湿潤(Cfa)気候（中国、アンホイ省） 1年を通じて比較的降水量が多く、季節風の強い地域では夏は蒸し暑く、冬は寒さが厳しい。東アジア南部では梅雨前線や台風の影響でとりわけ降水量が多い。写真は田植えを行っているようすである。

⑥西岸海洋性(Cfb)気候（イギリス） 偏西風などの影響で、高緯度のわりには年平均気温が高く、年較差は小さい。牧草の生育期間が長く、家畜の舎飼いを必要とする高温や寒冷の期間が短いため、集中的な牧畜には好適で、混合農業や酪農が盛んである。

⑦地中海性(Cs)気候（スペイン、アンダルシア地方）
年降水量が比較的少なく、夏の高温乾燥が著しい。そのため、オリーブやコルクがしなどの耐乾性の硬葉樹林が多く、夏は乾燥のために樹木の間には雑草も生えない。

ステップ(BS)気候（モンゴル）　ステップとよばれる草原に住
遊牧民は、家畜を引き連れて、季節に合わせて住む場所をかえ
、ゲルとよばれるテント式の住居で生活しながら家畜を飼育す
。人口増加や降水量の減少などで、砂漠化が進行している地域
多い。

④砂漠(BW)気候（アルジェリア）　大半の地域は年降水量250mm以下で、オアシ
スを除けば木も草もほとんどみられない砂漠である。外来河川やオアシスの周辺
では、灌漑によるなつめやしなどの栽培が行われる。手前に見える砂と砂丘の多
い砂漠を砂砂漠、遠くに見える岩盤が露出した砂漠を岩石砂漠という。

⑧亜寒帯湿潤(Df)気候（アメリカ合
衆国、アラスカ州）　北半球の北部
だけに分布する気候区で、タイガと
よばれる針葉樹林が大平原を埋めつ
くす。亜寒帯の針葉樹林は大部分が
常緑であるが、カラマツのように冬
に落葉するものもある。

⑨ツンドラ(ET)気候（ロシア、シベリア）　気温の上がる短い夏の間だけ凍土層
の表面がとけ、こけ類や小低木が育つツンドラになる。農業は全くできず、トナ
カイの遊牧やアザラシなどの狩猟を行って北方民族が生活している。写真は長い
冬が終わったばかりの夏のツンドラ。

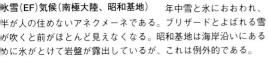

氷雪(EF)気候（南極大陸、昭和基地）　年中雪と氷におおわれ、
半が人の住めないアネクメーネである。ブリザードとよばれる雪
が吹くと前がほとんど見えなくなる。昭和基地は海岸沿いにある
めに氷がとけて岩盤が露出しているが、これは例外的である。

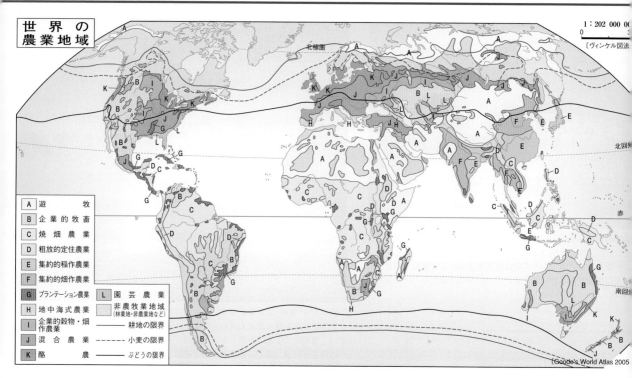

世界の
農業地域

〔ヴィンケル図法〕

1：202 000 0〔

A	遊　　　牧
B	企業的牧畜
C	焼畑農業
D	粗放的定住農業
E	集約的稲作農業
F	集約的畑作農業
G	プランテーション農業
H	地中海式農業
I	企業的穀物・畑作農業
J	混合農業
K	酪　　　農
L	園芸農業

非農牧業地域（林業地・非農業地など）
—— 耕地の限界
---- 小麦の限界
—— ぶどうの限界

〔Goode's World Atlas 2005〕

①稲　モンスーンアジアが原産地。生育期に高温多湿な地域に適する。

②小麦　生育期に冷涼・湿潤、収穫期に温暖・乾燥な地域が適する。

③大麦　小麦より耐乾性・耐寒性ともすれている。飼料用、ビールの原料。

④ライ麦　小麦より耐寒性にすぐれ、高緯度でも栽培可能。黒パンの原料。

⑤こうりゃん　耐乾性・耐寒性とも強く、先進国では飼料用として栽培。

⑥ジュート　熱帯アジア原産の繊維作物。ガンジスデルタのような熱帯低湿地が栽培適地。

⑦さとうきび　乾季がある熱帯熱帯で栽培。茎のしぼり汁からを製造。

…やし　年中高温多雨な熱帯低地栽培適地。パーム油の原料。

⑨ココやし　高温多雨な熱帯を代表する高木。胚乳を乾燥させたコプラは重要な油脂原料。

⑩なつめやし　西アジアから北アフリカが主要栽培地。主食・副食に利用。

⑪タロいも　日本のさといもとやつがしらは同じ系統。熱帯の自給的農村では主食の一つ。

…ムいも　東南アジアからオセアニアを原産地とするいも　日本のじねんじょと同種。

⑬キャッサバ　やせ地でも育つので熱帯から亜熱帯で広く栽培。中南米ではマニオクという。

⑭カカオ　熱帯中南米原産だが主産地は西アフリカ。カカオ豆の粉から油を除いたココアはチョコレートの原料。

…ーヒー　エチオピア高原を原産地とし、…と雨季がある熱帯・亜熱帯が栽培適地。…地は中南米と西アフリカ。

⑯てんさい　ヨーロッパ原産。冷涼な地域で栽培され、晩秋に収穫する。根をしぼった汁を煮つめて砂糖を精製し、しぼったかすや葉は飼料となる。

⑰コルクがし　地中海沿岸地方原産の常緑樹で、樹高30mにもなる。樹皮からは栓などに使う厚いコルク層が採取できる。

…リーブ　原産地・主産地ともに地中海沿岸地方で、…の高木。耐乾性が強い。果実からしぼったオリーブ…、食用・工業用として使われる。

⑲ゴム　天然ゴム採取用樹木として重要。アマゾン川流域が原産地。主産地は熱帯アジア。

⑳綿花　夏の高温が栽培条件で耐乾性が強い。もっとも重要な繊維作物。

①ウィスコンシン州の等高線耕作（アメリカ合衆国）傾斜地での土壌侵食を防ぐために，等高線に沿って作物を栽培する。大型機械の導入で減少しつつある。

②バリ島の棚田（インドネシア）東南アジア地域では大河川流域の平野部で稲作がさかんである。しかしバリ島をはじめとする島嶼部では平野が少ないため，傾斜地を利用した棚田が多くみられる。

スプリンクラー

③センターピボット方式の灌漑農業（サウジアラビア）くみ上げた地下水を回転式の大型スプリンクラーで円形に散水する灌漑方式。アメリカ合衆国で実用化され，サウジアラビアなどの乾燥地域にも導入されたが，地下水の枯渇で使われなくなったものも多い。

③
①
⑤ ⑥
北回帰線
赤　道
④
②
南回帰線

④茶のプランテーション（ケニア）ケニアにおける茶の栽培は，イギリス系企業によって20世紀前半に導入された。おもに高地で栽培され，ケニアの重要な輸出品となっている。ほかにも，コーヒーなどの生産と輸出がさかんである。

⑤フィードロットでの牛の飼育（アメリカ合衆国）柵で囲った狭い区画で，とうもろこしなどの穀物を主とする濃厚飼料を与えて肥育する施設。脂ののった肉質の牛を短期間で大量に肥育することができる。

⑥船で輸出される小麦（アメリカ合衆国）　内陸部で生産された小麦は，個別農家から各地の拠点に集荷される。集荷された小麦は，鉄道などにより輸出港に運ばれ，ポートエレベータとよばれる穀物倉庫から船に積み込まれ，各地に輸出される。

世界三大宗教

イスラーム（イスラム教）

シーア派：イスラームの少数派だが，イランとイラクに多い。コーランに示された神の言葉を厳格に実践することを主張する原理主義が優勢である。スンナ派：イスラームの多数派。信徒の比率は北アフリカや中央アジアで高いが，絶対数ではバングラデシュやインドネシアなどアジアが多い。

仏教

大乗

上座

出家した人だけでなく，多くの民衆をともに救うという教えを掲げる。仏像は釈迦の悟った真理の姿を表し，仏への帰依による救済が説かれる。

スリランカや東南アジアで多く信仰される仏教。修行による自分自身の解脱＝救済をめざし，戒律を守り禁欲的で厳しい修行をし，托鉢もその一つ。

キリスト教

16世紀に成立。プロテスタントという名はカトリックへの「抗議」に由来している。聖書を神のメッセージとして重視し，熱心に読む。教会での儀式は簡素である。

ローマ教皇を最高指導者に，その下に各修道会が活動する中央集権的な教会組織を形成している。洗礼やミサなどの儀式を重視。ラテン系民族に信者が多い。

1054年の東西教会分裂により成立。民族ごとに独立した総主教と教会組織をもつ。イコン（聖画像）は信仰の中心的存在。スラブ系民族に信者が多い。

プロテスタント

カトリック

正教会

宗教と建築

バチカンのカトリック聖堂
（サンピエトロ大聖堂）

トルコのイスラーム・モスク
（ブルーモスク）

インドのヒンドゥー寺院
（カパーレーシュワラ寺院）

タイの仏教寺院
（エメラルド寺院）

その他のおもな宗教

沐浴（ヴァラナシ）

①ヒンドゥー教
インド古代宗教バラモン教と土着の宗教を融合させて成立。信者は9億人余り，インド総人口の約80％が信仰している。典型的な多神教で，牛は神の使いとされている。カーストとのかかわりが深い。

嘆きの壁（エルサレム）

②ユダヤ教
ユダヤ人の民族宗教。紀元前6世紀頃現在のパレスチナで成立し，イスラエルを中心に信仰されている。神ヤハウェを唯一神としており，「選民思想」のほか，「律法主義」や偶像崇拝の否定などが特徴。

五体投地（ラサ）

③チベット仏教
現在のチベット自治区を中心に，モンゴル，ブータンなどで信仰されている。寺院の周りでマントラ（祈りの言葉）を唱えながら，マニ車（経文が入った円筒）をまわし，五体投地を繰り返し，仏への帰依を示す。

世界各地の民族衣装

温　帯

⑦ **チェコ**
西ボヘミアに伝わる、民族舞踊の衣装。

① **韓国**
女性用の民族衣装のチマ・チョゴリと男性用正装着のパジ・チョゴリ。

亜寒帯・寒帯や高地

⑦ **ロシア・シベリア**
冬の厳しい寒さから身を守るため、トナカイなどの毛皮を着る。

① **ペルー**
着脱が容易で、防寒性にすぐれ毛織物の「ポンチョ」。

乾燥帯

⑦ **スーダン**
砂漠の遊牧民は全身をおおうゆったりとした白い服が特徴的。

⑦ **モンゴル**
遊牧生活で馬に乗るのに適した衣服で、風よけの高い襟に特色がある。

熱　帯

⑦ **ベトナム**
民族衣装のアオザイ。上衣は長くて、絹や麻などの薄い布地で仕立てる。

⑦ **インド**
女性用のサリーとよばれる衣装5mほどの長い1枚の布を身体に

世界各地の気候と住居

※⑦〜ツは写真の位置を示します。

1：240 000 000
0　　　3000km

北回帰線

赤　道

南回帰線

▓ 熱　帯	□ 乾燥帯
▒ 温　帯	▦ 亜寒帯・寒帯

◯ 木を使った家が多いところ
△ 土を使った家が多いところ
⬡ 石を使った家が多いところ

［THE HUMAN MOSAIC、ほか］

と住居

マレーシアの木造の家

多く見られる高床住居。暑さや湿気を通風でやわらげ獣からの被害を防

かまど／寝室／寝室／ベランダ／台所／居間
0 5m

コ カナダの木造の家

針葉樹林の豊富な木材を利用した丸太づくりの家。暖かさを長く保ち、寒さに強い家。
※この部分は中央より高い床になっている。

いろり

夫婦寝室／炊事場／土間／玄関／家族寝室
0 5m

サ エジプトの土を使った家

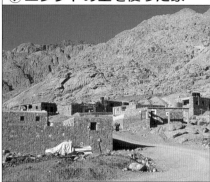

泥を木わくにいれて天日で乾燥させて固めた日干しレンガを積んでつくった家。熱風や砂嵐を防ぐため窓は小さくしている。

家畜小屋／女の部屋／男の部屋／庭／台所／物置
0 5m

ギリシャの石を使った家

た地中海沿岸地域では強い日ざしや熱気を防ぐ窓は小さく白い家が多

寝室／台所
寝室／居間
0 5m

ス モンゴルの獣毛を使った家

細枝で骨組みをつくり、その上をフェルト、皮、防水シートでおおう組立式の家（ゲル）。2時間ほどで組み立てることができる。大人はベッドで寝るが、子どもたちは床で寝る。

ながもち／主人のベッド／ながもち／客人のベッド／テーブル／ストーブ／主婦のベッド／入口／食器棚

セ イヌイットの雪を使った家

かための雪をブロック状に切りだし、うず巻状に積み上げた伝統的な冬の家（イグルー）。狩猟や旅のときに利用する。

換気孔／通路／寝床／土間／ストーブ
0 5m

に適応した住居

ベリアの高床式住宅（ロシア）

タ 白川郷の合掌造り（岐阜県）

と草で作られた住居（ケニア）

ツ 黄土高原の穴居住居，ヤオトン（中国）

伝統的な住居は、その地域で得やすい材料で、地域の気候・風土にあったものがつくられる。森林が多い北欧から中欧にかけては木造が多く、材木が得られない乾燥地域では日干しレンガを用いることが多い。トルコや中国などで見られる穴居住居は夏涼しく冬暖かい。しかし、空調設備が普及した現代では、伝統的な家屋は減っており、観光資源になっているところもある。ソは暖房の熱が地面に伝わり、永久凍土が融解して建物が傾くのを防ぐために高床式になっている。また、タの合掌造りは雪が積もるのを防ぐために屋根の傾きが急角度になっている。かつては屋根の内部の空間を活かして養蚕も行われた。

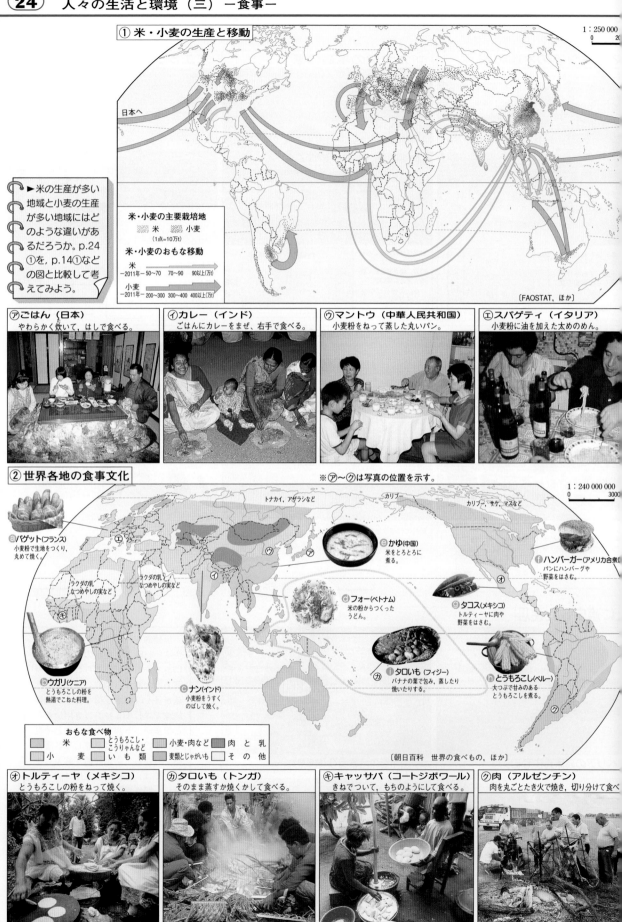

① 米・小麦の生産と移動

1:250 000

日本へ

▶米の生産が多い地域と小麦の生産が多い地域にはどのような違いがあるだろうか。p.24①を, p.14①などの図と比較して考えてみよう。

米・小麦の主要栽培地
米（1点＝10万t）　小麦

米・小麦のおもな移動
米 2011年 50〜70 70〜90 90以上（万t）
小麦 2011年 200〜300 300〜400 400以上（万t）

〔FAOSTAT, ほか〕

⑦ごはん（日本）
やわらかく炊いて, はしで食べる。

⑦カレー（インド）
ごはんにカレーをまぜ, 右手で食べる。

⑦マントウ（中華人民共和国）
小麦粉をねって蒸した丸いパン。

⑦スパゲティ（イタリア）
小麦粉に油を加えた太めのめん。

② 世界各地の食事文化
※⑦〜⑦は写真の位置を示す。

1:240 000 000

トナカイ, アザラシなど　カリブー　カリブー, サケ, マスなど

ⓐバゲット（フランス）
小麦粉で生地をつくり, 丸めて焼く。

ラクダの乳となつめやしの実など

ⓔかゆ（中国）米をとろとろに煮る。

ⓗハンバーガー（アメリカ合衆国）パンにハンバーグや野菜をはさむ。

ラクダの乳となつめやしの実など

ⓓフォー（ベトナム）米の粉からつくったうどん。

ⓖタコス（メキシコ）トルティーヤに肉や野菜をはさむ。

ⓑウガリ（ケニア）とうもろこしの粉を熱湯でこねた料理。

ⓒナン（インド）小麦粉をうすくのばして焼く。

ⓕタロいも（フィジー）バナナの葉で包み, 蒸したり焼いたりする。

ⓗとうもろこし（ペルー）大つぶで甘みのあるとうもろこしを煮る。

おもな食べ物
米　とうもろこし・こうりゃんなど　小麦・肉など　肉と乳
小麦　いも類　麦類とじゃがいも　その他

〔朝日百科 世界の食べもの, ほか〕

⑦トルティーヤ（メキシコ）
とうもろこしの粉をねって焼く。

⑦タロいも（トンガ）
そのまま蒸すか焼くかして食べる。

⑦キャッサバ（コートジボワール）
きねでついて, もちのようにして食べる。

⑦肉（アルゼンチン）
肉を丸ごとたき火で焼き, 切り分けて食べる。

世界の航空路と日本からの距離

〔東京中心の正距方位図法〕

1:237 000 000

0 ───── 5000km

な航空路（便数は片道）
―2015年―

──── 0便以上
──── ～100便
- - - - 便未満

□ CIS（独立国家共同体）

〔OAG Flight Guide 2015〕

おもな国の観光客（入国者）数

―2018年―

国名	人数（万人）
フランス	8940
スペイン	8280
アメリカ合衆国	7974
中国	6290
イタリア	6156
トルコ	4576
日本	3119

UNWTO International Tourism Highlights 2020 Edition

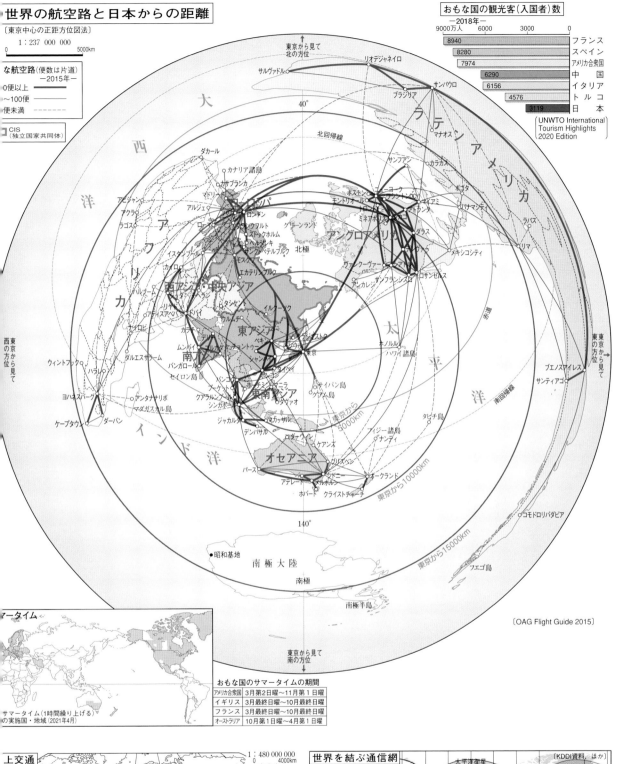

サマータイム

サマータイム（1時間繰り上げる）の実施国・地域（2021年4月）

おもな国のサマータイムの期間

アメリカ合衆国	3月第2日曜～11月第1日曜
イギリス	3月最終日曜～10月最終日曜
フランス	3月最終日曜～10月最終日曜
オーストラリア	10月第1日曜～4月第1日曜

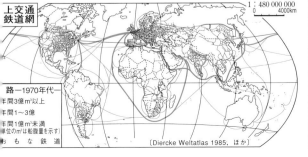

上交通 鉄道網

1:480 000 000

0 ───── 4000km

路―1970年代―

手間3億m³以上
手間1～3億
手間1億m³未満
単位の m³は船腹量を示す）
もな鉄道

〔Diercke Weltatlas 1985，ほか〕

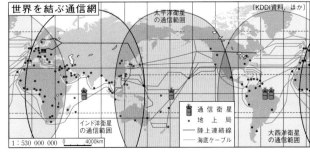

世界を結ぶ通信網

〔KDDI資料，ほか〕

太平洋衛星の通信範囲

インド洋衛星の通信範囲

大西洋衛星の通信範囲

通信衛星
地上局
陸上連絡線
海底ケーブル

1:530 000 000

0 ───── 4000km

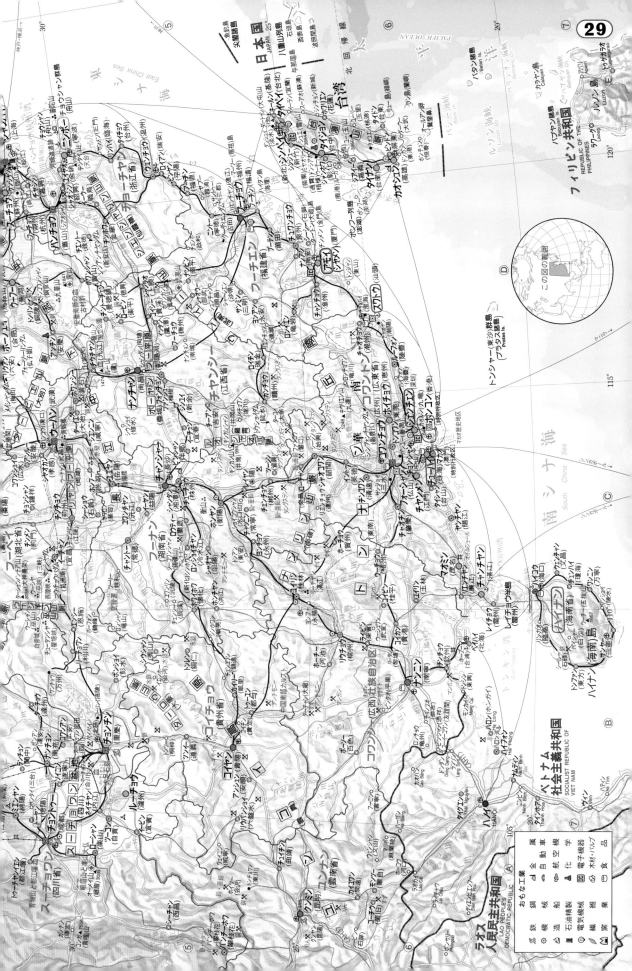

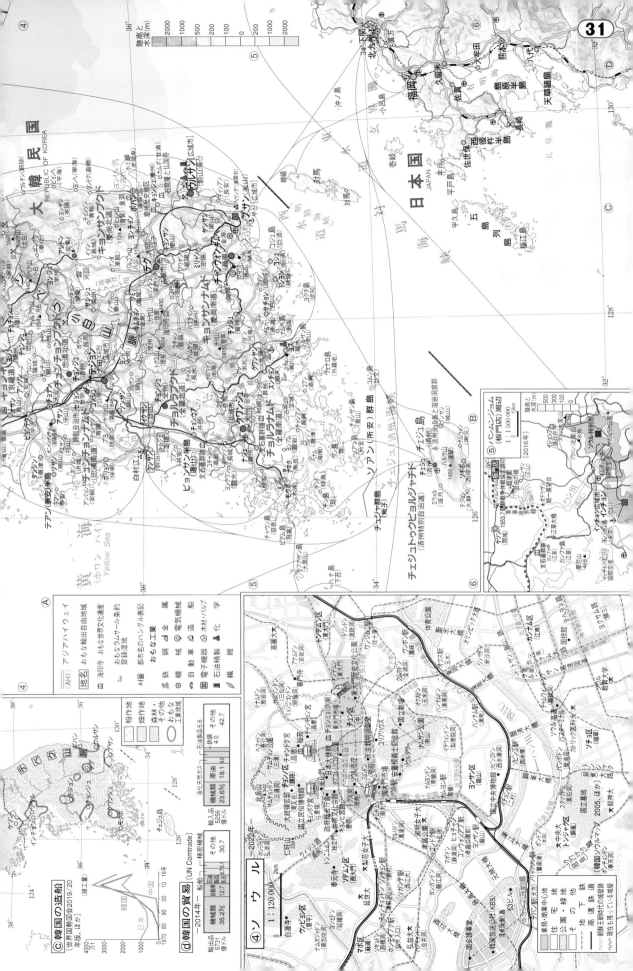

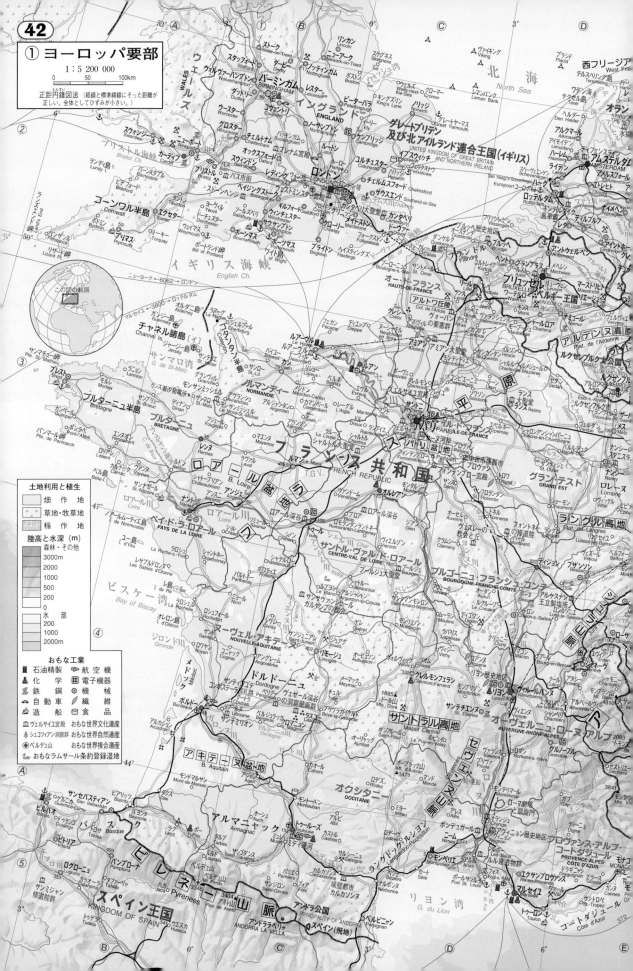

① イギリス

1:4 000 000

正距円錐図法
(経線と標準緯線にそった距離が正しい。
全体としてひずみが小さい。)

おもな地名

ヘブリディーズ諸島 Outer Hebrides
オークニー諸島 Orkney Is.
ルーイス岬 Bt. of Lewis
ラス岬 C. Wrath
ダーネス ODuness
サーソー Thurso
新石器時代遺跡
ダンカンスビー岬 Duncansby Hd.
ウィック Wick
パイパー Piper
ストーノーウェー Stornoway
ルーイス島 Lewis
ヘルムズデール Helmsdale
フォーティーズ Forties
スカイ島 I.of Skye
ポートリー Portree
ディングウォール Dingwall
モレー湾 Moray Firth
エルギン Elgin
バンフ Banff
フレーザバラ Fraserburgh
ピーターヘッド Peterhead
インバネス Inverness
マックドゥーイ山 Ben Macdui
ブレーマー Braemar
アバディーン Aberdeen
ストーンヘブン Stonehaven
フォートウィリアム Fort William
ベンネヴィス山 Ben Nevis
グランピアン山脈 Grampian Mts.
モントローズ Montrose
ジョセフィン Josephine
オーク Auk
ダンディー Dundee
テイ川 Tay
スコットランド SCOTLAND
グレンイーグルズ Gleneagles
パース Perth
セントアンドルーズ St Andrews
グレートブリテン島 Great Britain
スコットランド中央低地
フォース湾 Firth of Forth
グランジマス Grangemouth
フォルカーク Falkirk
エディンバラ Edinburgh
エディンバラ市街地
北海 North Sea
ジュラ島 I.of Jura
ダンバートン Dumbarton
グリーノック Greenock
ペーズリー Paisley
グラスゴー Glasgow
シリコングレン Silicon Glen
グレン Glen
ニュー・ラナーク New Lanark
アイレー島 I.of Islay
モーザウェル Motherwell
マザウェル
キルマーノック Kilmarnock
ベリック Berwick-upon-Tweed
マル島 I.of Mull
オーバン Oban
アラン島 I.of Arran
アービン Irvine
エア Ayr
ホーイック Hawick
チェヴィオット丘陵 Cheviot Hills
ブライス Blyth
タインマス Tynemouth
ジュラ島
キンタイア半島 Kintyre
サザン高地 Southern Uplands
ダンフリーズ Dumfries
ガラシールズ Galashiels
ニューカッスル Newcastle-upon-Tyne
タイン川 Tyne
サウスシールズ South Shields
アイルランド島 Ireland
ジャイアンツ・コーズウェー海岸
コールレーン Coleraine
ストランラー Stranraer
ウィグタウン Wigtown
タインサイド Tyneside
ゲーツヘッド Gateshead
サンダーランド Sunderland
ハドリアヌスの長城
ソルウェー湾 Solway Firth
カーライル Carlisle
ダラム城と大聖堂 Durham
ピーターリー Peterlee
ティーズ川 Tees
ハートルプール Hartlepool
ロンドンデリー Londonderry
バリメナ Ballymena
ラーン Larne
北アイルランド NORTHERN IRELAND
アントリム Antrim
バンガー Bangor
ワーキントン Workington
ホワイトヘブン Whitehaven
クロスフェル山 Cross fell
ストックトン Stockton-on-Tees
ミドルズブラ Middlesbrough
ダーリントン Darlington
オーマー Omagh
ベルファスト Belfast
クレイガヴォン Craigavon
ポータダウン Portadown
カンブリア山地 Cumbrian Mts.
スカフェル山 Scafell Pike
コールドホール Calder Hall
セラフィールド Sellafield
ダーリントン
ロックトン Rockton
スカーバラ Scarborough
エニスキレン Enniskillen
モナガン Monaghan
マン島 Isle of Man
ダグラス Douglas
湖水地方 Lake District
ケンダル Kendal
クリーブランド丘陵 Cleveland Hills
グレートブリテン及び北アイルランド連合王国
UNITED KINGDOM OF GREAT BRITAIN AND NORTHERN IRELAND
バローインファーネス Barrow-in-Furness
モーカム湾 Morecambe Bay
ランカスター Lancaster
ファウンテンズ修道院遺跡
ヨーク York
ダンドーク Dundalk
フリートウッド Fleetwood
ヘイシャム Heysham
ランカシャー Lancashire
ヨークシャー Yorkshire
キングストン Kingston upon Hull
ウェストソール West Sole
ロングフォード Longford
ボイン渓谷遺跡群
ブラックプール Blackpool
プレストン Preston
ブラッドフォード Bradford
バーンリー Burnley
リーズ Leeds
ハンバー川 Humber
ヴァイキング Viking
アイリッシュ海 Irish Sea
リヴァプール湾 Liverpool Bay
ボルトン・オールダム Bolton Oldham
ウィガン Wigan
ハダーズフィールド Huddersfield
ドンカスター Doncaster
スカンソープ Scunthorpe
グリムズビー Grimsby
インディファティ
アングルシー島 Anglesey
マージー川 Mersey
リヴァプール Liverpool
バーケンヘッド Birkenhead
セントヘレンズ St. Helens
マンチェスター Manchester
ストックポート Stockport
シェフィールド Sheffield
ロザラム Rotherham
マンスフィールド Mansfield
ニューアーク Newark-on-Trent
リンカン Lincoln
スケグネス Skegness
レマン Leman
ホリヘッド Holyhead
クランズノー Llandudno
バンガー Bangor
チェスター Chester
クルー Crewe
ストーク Stoke-on-Trent
チェスターフィールド Chesterfield
ダービー Derby
ノッティンガム Nottingham
ボストン Boston
ウォッシュ湾 The Wash
ヒューイット Hewett
カーナーヴォン Caernarfon
グウィネスのエドワード1世の城群と市壁群
スノードン山 Snowdon
レクサム Wrexham
シュルズベリー Shrewsbury
スタッフォード Stafford
バートン Burton-upon-Trent
レスター Leicester
グランサム Grantham
ピーターバラ Peterborough
キングズリン King's Lynn
ノーフォーク Norfolk
ノリッジ Norwich
グレートヤーマス Great Yarmouth
ロースター Lowestoft
プールヘリ Pwllheli
コーウェン Corwen
アイアンブリッジ渓谷遺跡
ウォルヴァーハンプトン Wolverhampton
ダドリー Dudley
ウォルソール Walsall
ニューニートン Nuneaton
コーリー Corby
ハンティンドン Huntingdon
イリー Ely
サドベリー Sudbury
イプスウィッチ Ipswich
カーディガン湾 Cardigan Bay
アベリストウィス Aberystwyth
カンブリア山脈 Cambrian Mts.
モンゴメリー Montgomery
ウェールズ WALES
ナイトン Knighton
バーミンガム BIRMINGHAM
コヴェントリー Coventry
ミッドランド Midlands
ラグビー Rugby
ベッドフォード Bedford
ケンブリッジ Cambridge
コルチェスター Colchester
イングランド ENGLAND
カーディガン Cardigan
ランドヴェリー Llandovery
ヘレフォード Hereford
ウースター Worcester
ストラトフォード Stratford-upon-Avon
ノーサンプトン Northampton
バンベリー Banbury
ミルトンキーンズ Milton Keynes
レッチワース Letchworth
ハリッジ Harwich
チェルムズフォード Chelmsford
フィッシュガード Fishguard
セントデーヴィッズ岬 St. David's Hd.
チェルトナム Cheltenham
グロスター Gloucester
コッツウォルズ丘陵 Cotswold Hills
オックスフォード Oxford
ヘメルヘムステッド Hemel Hempstead
ルートン Luton
ハーロー Harlow
ロンドン塔
ミルフォードヘブン Milford Haven
ペンブローク Pembroke
カーマーゼン Carmarthen
マーサーティドヴィル Merthyr Tydfil
ニューポート Newport
ブリストル Bristol
スウィンドン Swindon
レディング Reading
ハイウィカム High Wycombe
ウィンザー Windsor
ロンドン LONDON
サウスエンド Southend-on-Sea
マーゲート Margate
スウォンジー Swansea
ロンダ Rhondda
ポートタルボット Port Talbot
カーディフ Cardiff
エイヴォンマス Avonmouth
バース Bath
バス市街
アンドーヴァー Andover
ベイシングストーク Basingstoke
ギルフォード Guildford
ウェストミンスター宮殿
クロイドン Croydon
メードストン Maidstone
チャタム Chatham
カンタベリー Canterbury
カンタベリー大聖堂
ドーヴァー Dover
ブーローニュ Boulogne
ブリストル海峡 Bristol Ch.
ウェストンスーパーメア Weston-super-Mare
ストーンヘンジ Stonehenge
ソールズベリー Salisbury
ウィンチェスター Winchester
ヘイスティングス Hastings
タンブリッジウェルズ Tunbridge Wells
アシュフォード Ashford
フォークストン Folkestone
ランディ島 Lundy I.
バーンスタブル Barnstaple
ビデフォード Bideford
ヨーヴィル Yeovil
タウントン Taunton
プール Poole
ドーセット Dorset
ボーンマス Bournemouth
ポーツマス Portsmouth
ワイト島 I. of Wight
サウサンプトン Southampton
ウォージング Worthing
ブライトン Brighton
ニューヘヴン Newhaven
イーストボーン Eastbourne
サセックス Sussex
峡海峡 Str. of Dover
コーンウォール半島 Cornwall
エクセター Exeter
ドーチェスター Dorchester
ウェイマス Weymouth
ポートランド岬 Bill of Portland
セントアイヴス St. Ives
トルーロ Truro
デヴォンポート Devonport
プリマス Plymouth
東デヴォン海岸
イギリス海峡 English Ch.
ニューヨークへ 6062
ニューヨークへ
ディエップ Dieppe
ランズエンド岬 Land's End
ペンザンス Penzance
ボドミン Bodmin
フランス共和国 FRENCH REPUBLIC

土地利用と植生

- 畑作地
- 草地・牧草地

陸高と水深(m)

森林・その他	0 水部
500m	50
200	100
100	200m

おもな工業

- ⚙ 鉄鋼
- ⚙ 機械
- ✈ 航空機
- 🛢 石油精製
- ⚡ 電気機械
- 🧵 繊維
- 🔩 金属
- 🚗 自動車
- 🚢 造船
- ⚗ 化学
- IC 電子機器
- 🏺 窯業
- 🍴 食品

🏛 ロンドン塔 おもな世界文化遺産
ジャイアンツ・コーズウェー海岸 おもな世界自然遺産
おもなラムサール条約登録湿地

① 南北アメリカ・大西洋

1：75 000 000

0　　　1000　　　2000km

ランベルト正積方位図法
（面積が正しく、全体としてひずみが小さい。）

② 大西洋のプレートの動き

大洋のプレート　　大洋のプレート

海嶺

アセンシオン島
Ascencion I.

大西洋中央海嶺
MID ATLANTIC RIDGE

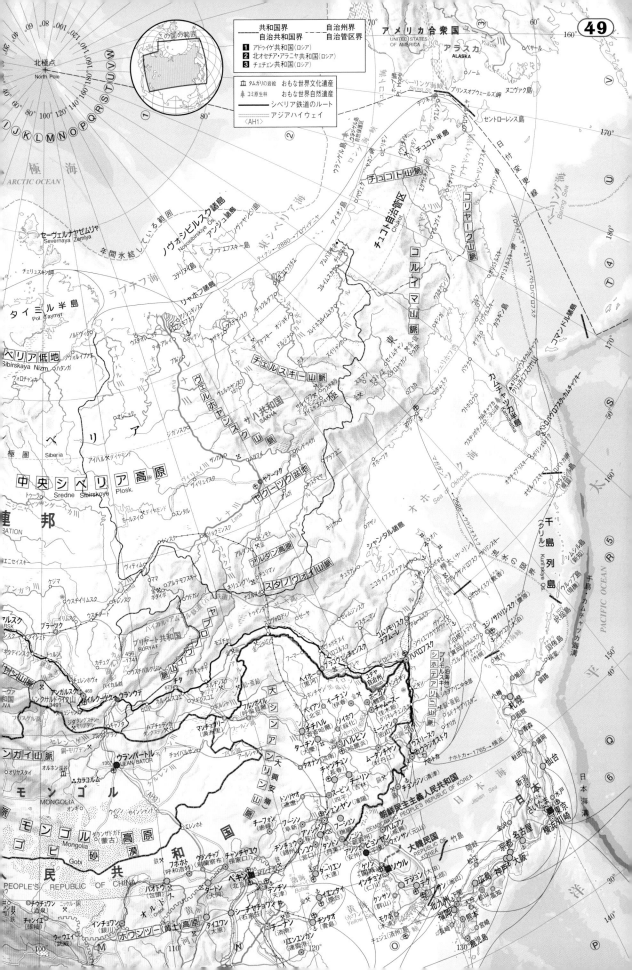

① 北アメリカ
1 : 30 000 000
ランベルト正積方位図法
（面積が正しく、全体としてひずみが小さい。）

① アメリカ合衆国
中央部・東部
1:10 000 000

0　　　100　　200km

正距円錐図法
(経線と標準緯線にそった距離が正しい。全体としてひずみが小さい。)

① アメリカ合衆国西部

1:10 000 000

正距円錐図法
（経線と標準線にそった距離が正しい。全体としてひずみが小さい。）

② 領土の変遷と行政区分

1:50000000
0　500km

合併　1846年
フランスより購入　1803年
イギリスより割譲　1818年
イギリスより割譲　1783年
イギリスより割譲　1842年

ワシントン
モンタナ
ノースダコタ
ミネソタ
ウィスコンシン
ミシガン
インディアナ
ヴァーモント
メーン
ニューハンプシャー
ニューヨーク
マサチューセッツ
ロードアイランド
コネティカット
ペンシルヴェニア
ニュージャージー
デラウェア
メリーランド
ウェストヴァージニア
オレゴン
アイダホ
ワイオミング
サウスダコタ
アイオワ
イリノイ
オハイオ
ヴァージニア
ネブラスカ
ケンタッキー
ノースカロライナ
メキシコより割譲　1848年
ネヴァダ
ユタ
コロラド
カンザス
ミズーリ
テネシー
サウスカロライナ
13植民地 1776年独立
カリフォルニア
アリゾナ
ニューメキシコ
オクラホマ
アーカンソー
ミシシッピ
アラバマ
ジョージア
アラスカ
ロシアより購入　1867年
0　1000km
テキサス
ルイジアナ
フロリダ
メキシコより購入　1853年
併合　1845年
スペインより譲渡　1819年
ハワイ
0　250km
合併　1898年

〔The New Cambridge Modern History Atlas, ほか〕

③ さまざまな言語を由来にもつアメリカの地名

1:50000000
0　500km

ワーラワーラ
Walla Walla
流れの速い小川
シャイアン
Cheyenne
先住民の部族名
シカゴ
Chicago
玉ネギが生える場所
ルイヴィル
Louisville
フランス国王の名
L.Michigan
デトロイト
Detroit
狭い水路
モントピリア
Montpelier
モンペリエ（フランスの都市）
ワシントン
Washington
初代大統領
モンタナ
Montana
山の多い地方
ラスヴェガス
Las Vegas
樹木のない土地
ニューヨーク
New York
新しいヨーク（イギリスの都市）
サンノゼ
San Jose
聖ヨゼフ
コロラド
Colorado
赤い
オハイオ
Ohaio
美しい
ロサンゼルス
Los Angeles
天使
リッチモンド
Richmond
リッチモンド（イギリスの都市）
アリゾナ
Arizona
小さな泉
アパラチア山脈
Appalachian Mts.
向こう側の人々
アラスカ
Alaska
本土
テキサス
Texas
友だち
フロリダ
Florida
花ざかり
ラスクルーセス
Las Cruces
十字架
エルパソ
El Paso
通路
オクラホマ
Oklahoma
赤い人たちの土地
バトンルージュ
Baton Rouge
赤い棒
バーミングハム
Birmingham
バーミンガム（イギリスの都市）
ハワイ
Hawaii
故郷
0　1000km
0　250km

上段：地名
中段：由来となった言語
下段：意味

英語　フランス語　スペイン語　先住民の言語　その他（ラテン語など）

〔アメリカ地名辞典、ほか〕

④ ロサンゼルス ―鳥瞰図―

ロサンゼルスの居住区
1:1700000
0　15km
ロサンゼルス郡の境界

おもな居住区
ヨーロッパ系
アフリカ系
アジア系
ヒスパニック

〔Geographische Rundschau 1996.2〕

サンガブリエル山地
―2010年―
ウィルソン天文台
ウィルソン山 1747
バーバンク
グレンデール
パサディナ
アルハンブラ
ベーカーズフィールド
ローズボウル
サウスゲート
サンフェルナンドヴァレー
ユニバーサルスタジオ
グリフィス公園
天文台
ドジャースタジアム
パサディナ
ロングビーチ
アナハイム
サンタモニカ山地
ハリウッド
ハリウッドボウル
ロデオドライブ
リトル東京
ダウンタウン
ユニオン駅
イーストロサンゼルス
ローズ・ヒルズ記念公園
カリフォルニア大学（UCLA）
ビバリーヒルズ
ロサンゼルスメモリアルコロシアム
南カリフォルニア大学
フラートン
サンタモニカ
グレートウェスタンフォーラム
サウスゲート
ドーニー
アナハイム
エンゼルスタジアム
ディズニーランド
ロサンゼルス国際空港
カリフォルニア州立大学
コンプトン
カリフォルニア州立大学
エルドラド公園
ロス・アラミトス海軍航空基地
サンタアナ
トランス
レドンドビーチ
サウスコースト植物園
ロングビーチ
クインメリー号
サンタアナ
ビセンテ岬
サンペドロ
パロスヴェルデス丘陵
ターミナル島
ロサンゼルス港
サンペドロ湾
サンセットビーチ

中心街
住宅地
工業地
公園・緑地
鉄道
メトロ（地下鉄）

① 南アメリカ

1:24 000 000

③ アンデス山脈の鳥瞰と断面

④ アマゾン川流域の森林伐採と保護

1:31 000 000

ⓐ アマゾンの森林減少面積

ⓑ アマゾンの森林減少の変化

① 太平洋
② サンゴ礁の分布

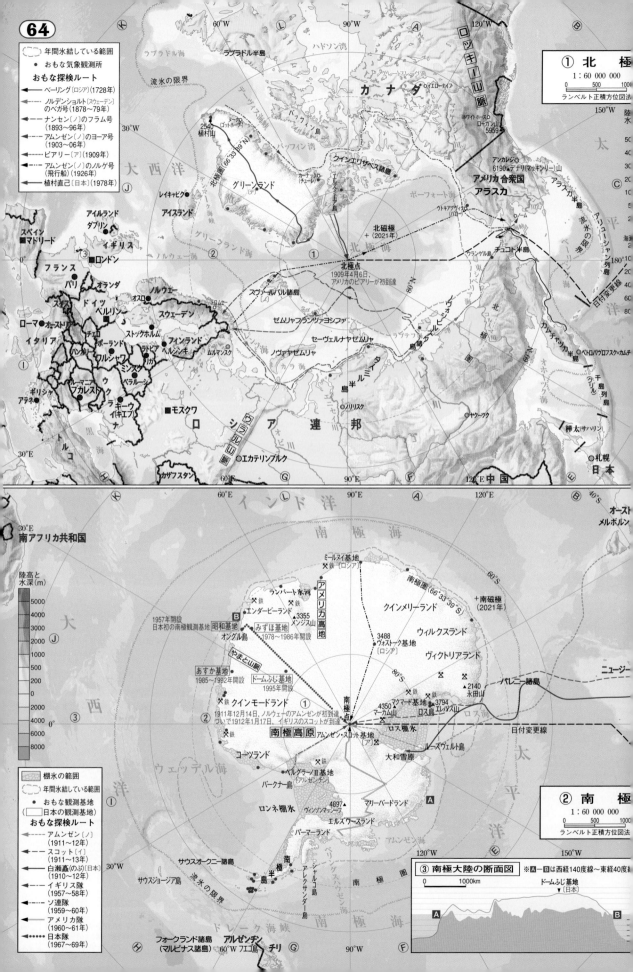

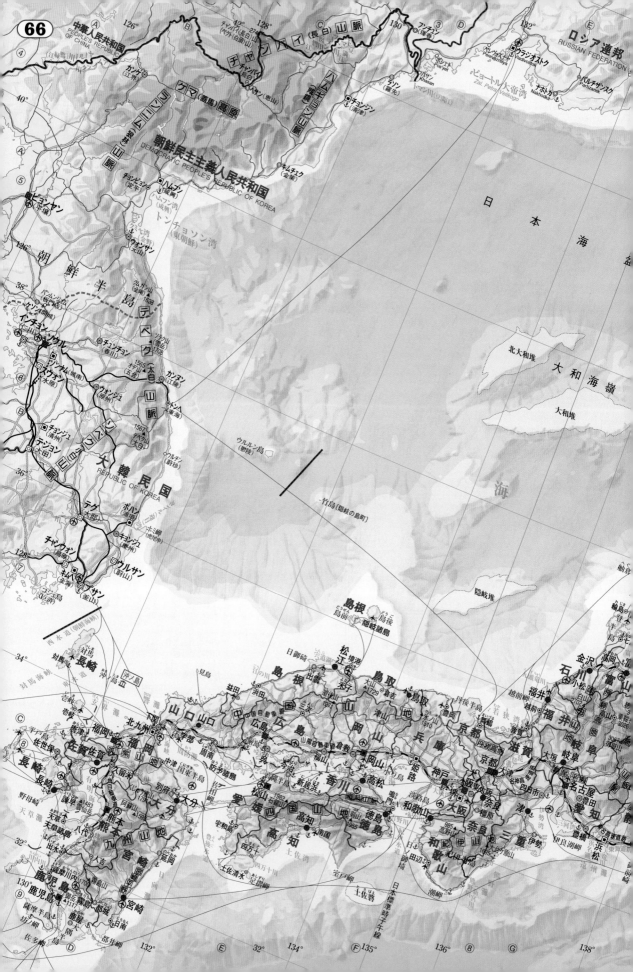

① 日本の主要4島

1：5 000 000

0　　　　100km

正角円錐図法（全体としてひずみが小さい。）

陸高と水深(m)

3000
2000
1000
500
200
0
200
1000
2000
3000
4000
6000
8000

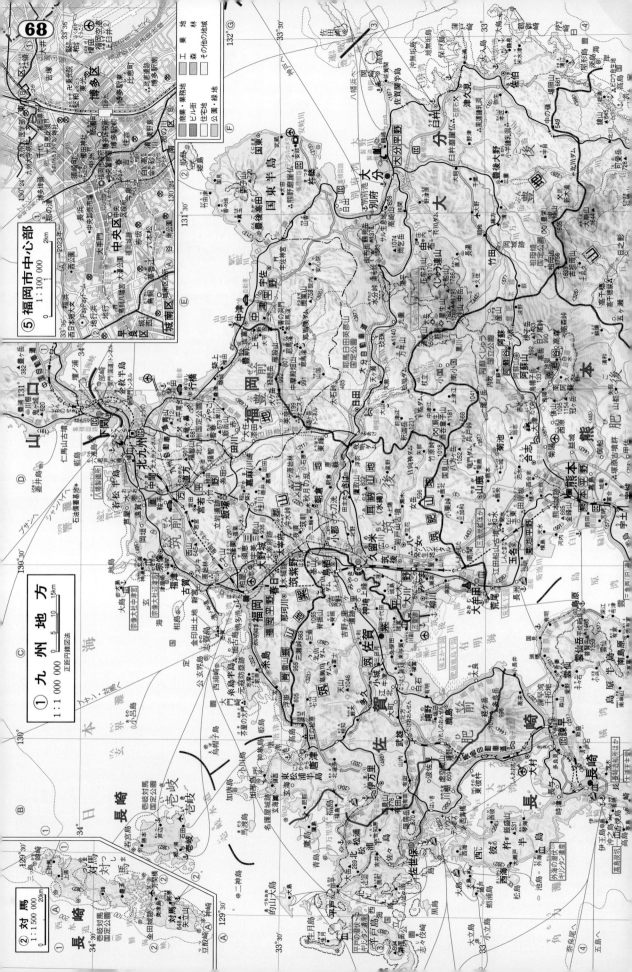

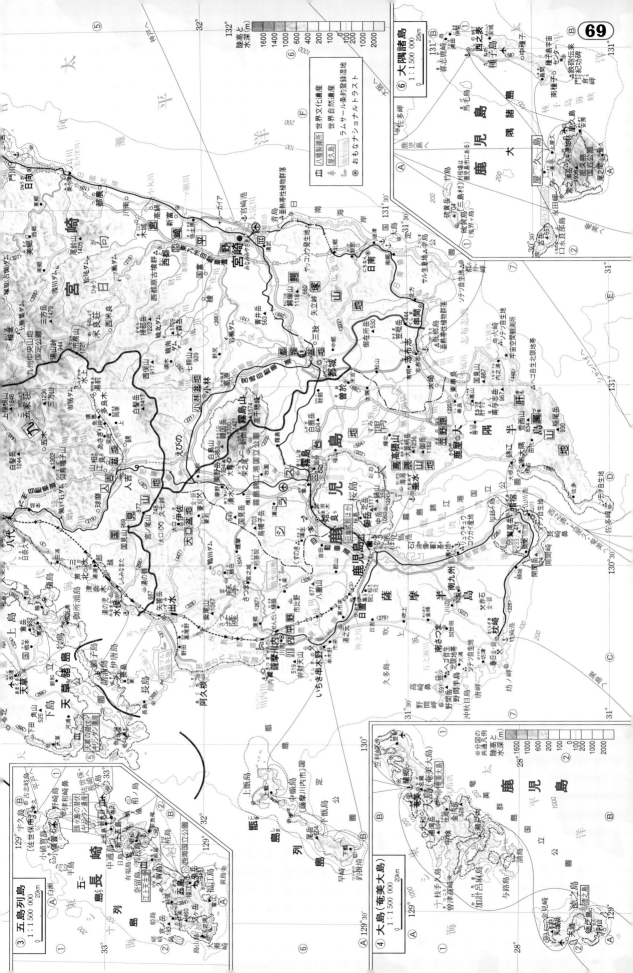

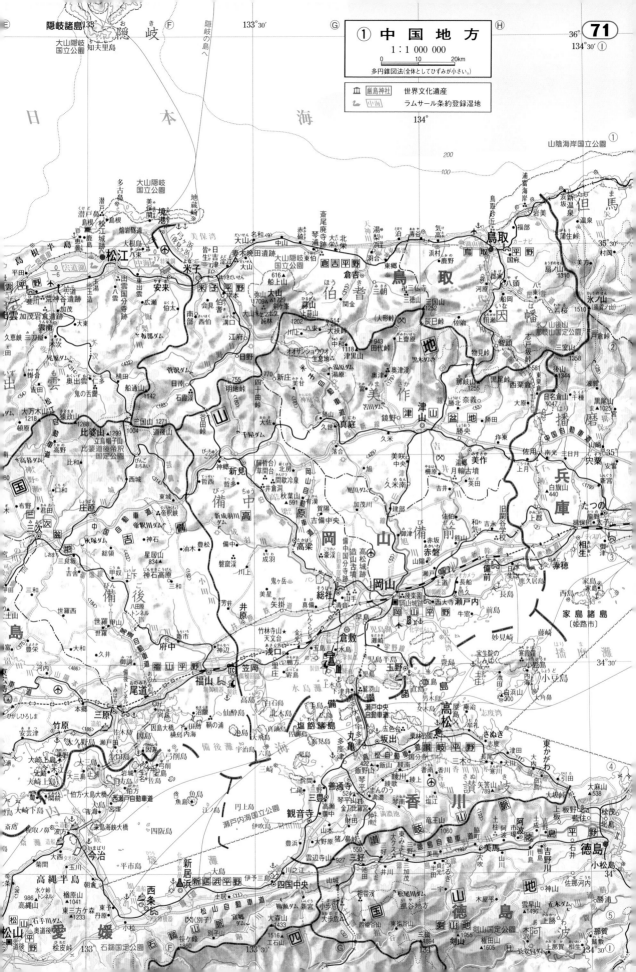

① 中国地方
1:1 000 000
0　10　20km
多円錐図法（全体としてひずみが小さい。）

厳島神社　世界文化遺産
ラムサール条約登録湿地

① 近 畿 地 方
1 : 1 000 000

① 中部地方
1:1 000 000
0 10 20km

正角円錐図法
(全体としてひずみが小さい。)

②佐渡島
1:1 000 000
0   10km

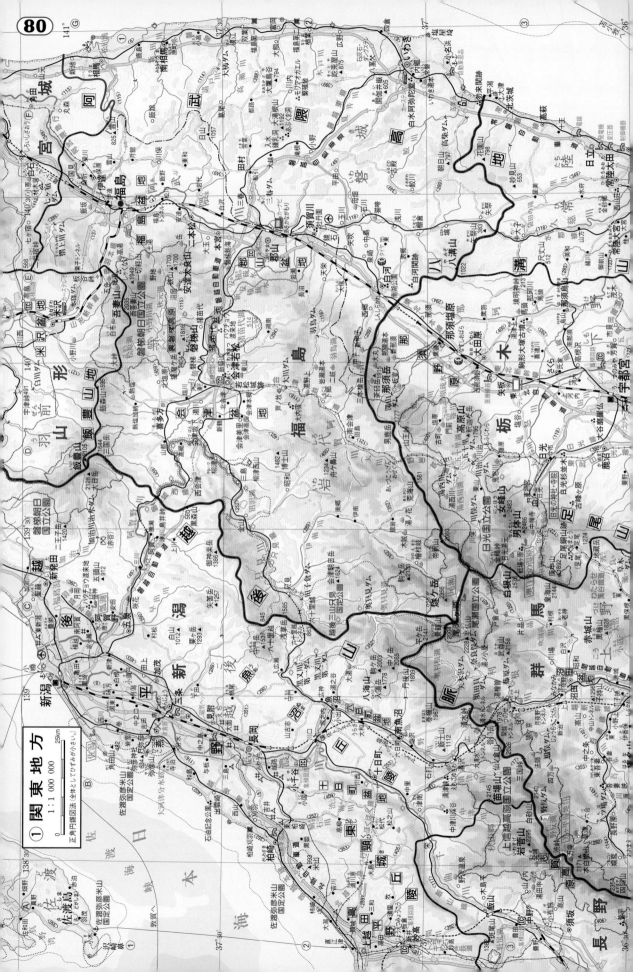

① 関東地方

1 : 1 000 000

正角円錐図法(全体としてひずみが小さい)

0   25km

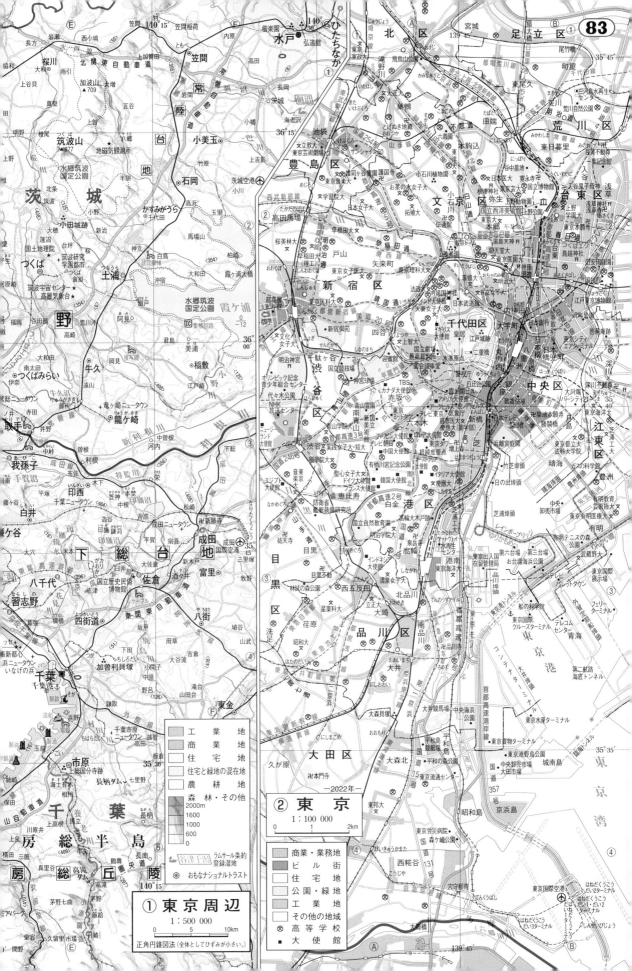

東北地方

1:1 200 000

多円錐図法全体としてひずみが小さい

世界文化遺産
世界自然遺産
ラムサール条約登録湿地

① 北海道地方
1:1 800 000

0 5 10 20 30 40 50km

多円錐図法(全体としてひずみが小さい。)
●●●● 振興局所在地
宗谷 総合振興局 石狩 振興局

🌲 知床 世界自然遺産
ウトナイ湖 ラムサール条約登録湿地
⊛ おもなナショナルトラスト

③ 択捉島
1:1 800 000

0 10 20 30km

④ 千島列島
1:8 000 000

0 100km

陸高と
水深(m)
1000
500
200
0
200
1000
2000
4000
6000
8000

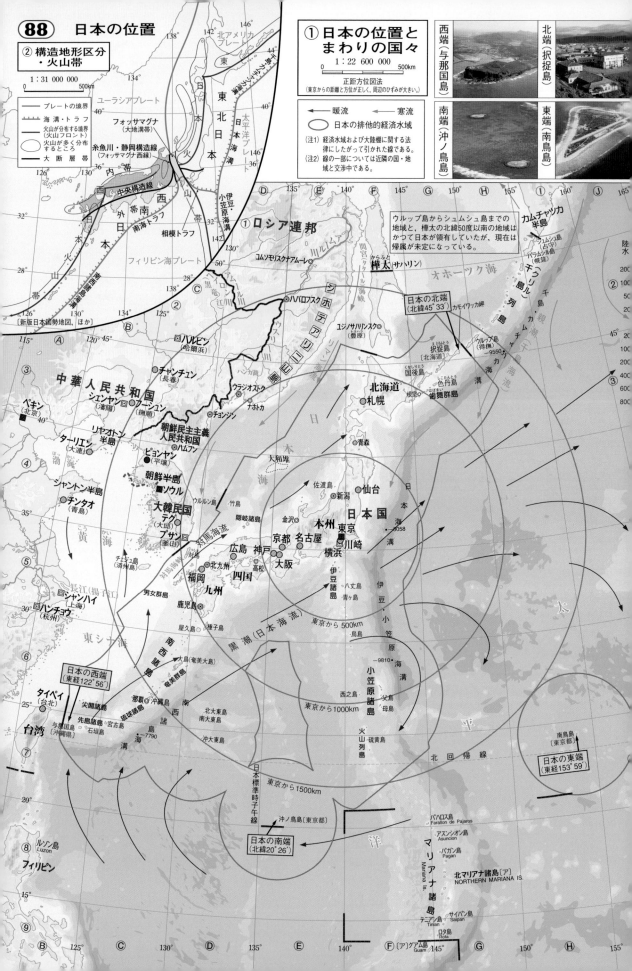

　国土地理院は、最新の電子国土基本図を地理院地図としてインターネット上で公開している。地図記号や等高線の基本情報のほか、空中写真、地表の凹凸、土地利用などが表示できる。さらに、距離・面積の計測、断面図作成の機能がある。

ⓐ 写真
空中写真を表示できる。

ⓑ 面積
指定した範囲の面積を計測できる。

ⓒ 距離
任意の地点間の距離を計測できる。

① 地理院地図のウェブサイト

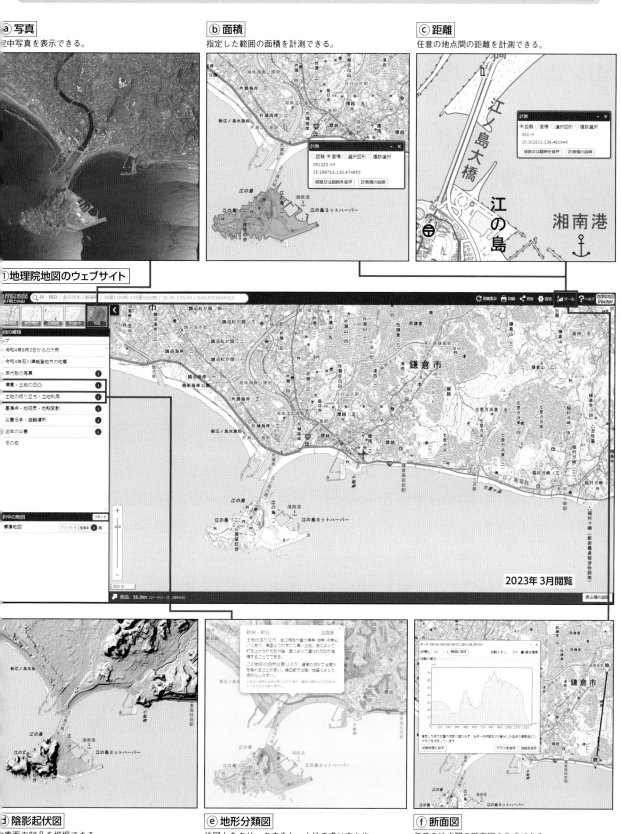

2023年3月閲覧

ⓓ 陰影起伏図
地表面の凹凸を把握できる。

ⓔ 地形分類図
地図上をクリックすると、土地の成り立ちや自然災害リスクが表示される。

ⓕ 断面図
任意の地点間の断面図を作成できる。

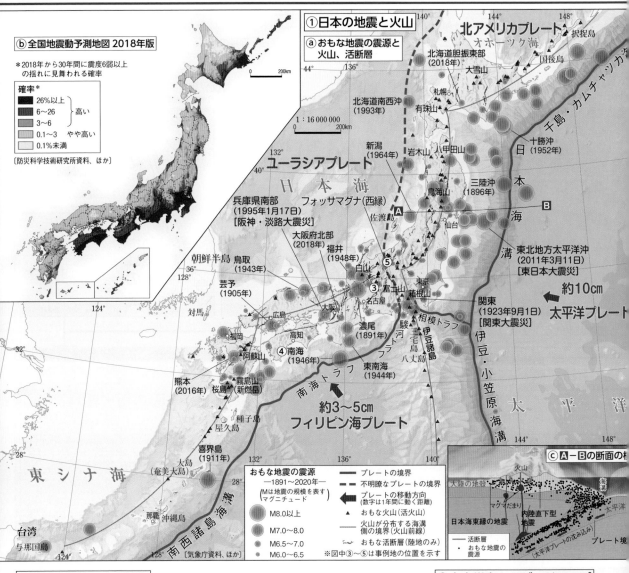

ⓑ 全国地震動予測地図 2018年版

＊2018年から30年間に震度6弱以上の揺れに見舞われる確率

確率＊
■ 26％以上	
■ 6～26	高い
■ 3～6	
■ 0.1～3	やや高い
□ 0.1％未満	

〔防災科学技術研究所資料、ほか〕

① 日本の地震と火山

ⓐ おもな地震の震源と火山、活断層

北アメリカプレート

ユーラシアプレート

1：16 000 000

北海道胆振東部（2018年）
北海道南西沖（1993年）
新潟（1964年）
兵庫県南部（1995年1月17日）〔阪神・淡路大震災〕
フォッサマグナ（西縁）
大阪府北部（2018年）
福井（1948年）
朝鮮半島
鳥取（1943年）
芸予（1905年）
濃尾（1891年）
④南海（1946年）
東南海（1944年）
熊本（2016年）
霧島山（新燃岳）
喜界島（1911年）

千島・カムチャツカ
十勝沖（1952年）
三陸沖（1896年）
東北地方太平洋沖（2011年3月11日）〔東日本大震災〕
関東（1923年9月1日）〔関東大震災〕
太平洋プレート
約10cm

南海トラフ
約3～5cm
フィリピン海プレート

おもな地震の震源
—1891～2020年—
（Mは地震の規模を表すマグニチュード）
- ● M8.0以上
- ● M7.0～8.0
- ● M6.5～7.0
- ・ M6.0～6.5

- ── プレートの境界
- --- 不明瞭なプレートの境界
- ← プレートの移動方向（数字は1年間に動く距離）
- ▲ おもな火山（活火山）
- ── 火山が分布する海溝側の境界（火山前線）
- ⌒ おもな活断層（陸地のみ）

※図中③〜⑤は事例地の位置を示す

〔気象庁資料、ほか〕

ⓒ A—Bの断面の様子

火山
大陸の地殻
マグマだまり
日本海東縁の地震
内陸直下型地震
海溝
太平洋プレートの沈み込み
プレート境界

- ── 活断層
- ・ おもな地震の震源

② 地震と津波による被害

ⓐ 東北地方太平洋沖地震と津波

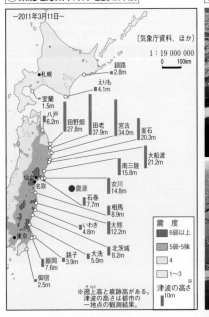

—2011年3月11日—

〔気象庁資料、ほか〕

1：19 000 000

| 札幌 1.8m |
| 釧路 2.8m |
| えりも 4.1m |
| 室蘭 1.5m |
| 八戸 6.2m |
| 田野畑 27.8m |
| 田老 37.9m |
| 宮古 34.0m |
| 釜石 20.3m |
| 大船渡 21.2m |
| 南三陸 15.8m |
| 女川 14.8m |
| 石巻 7.7m |
| 相馬 8.9m |
| いわき 4.8m |
| 大熊 12.2m |
| 北茨城 |
| 大洗 5.0m |
| 銚子 3.9m |
| 御宿 2.5m |
| 飯岡 7.6m |

震源

震度
■ 6弱以上	
■ 5強・5弱	
■ 4	
□ 1～3	

津波の高さ
10m ▮

※遡上高と痕跡高がある。津波の高さは都市の一地点の観測結果。

ⓑ 名取市閖上地区の 津波被害

2009年10月

2011年3月

名取川
広浦
貞山堀
閖上漁港
仙台湾

③ 火山災害とハザードマップ

ⓐ 御嶽山火山ハザードマップ

岐阜県
長野県
御嶽山
スキー場
王滝村役場

—2019年—

〔御嶽山火山ハザードマップ〕

- □ 想定火口領域
- ▨ 水蒸気噴火時の大きな噴石の到達想定範囲
- ▧ マグマ噴火時の大きな噴石の到達想定範囲
- ▩ 火砕流の到達想定範囲
- ▨ 火砕サージの到達想定範囲
- □ 融雪型火山泥流の到達想定範囲

津波への備え —高知県四万十町興津—

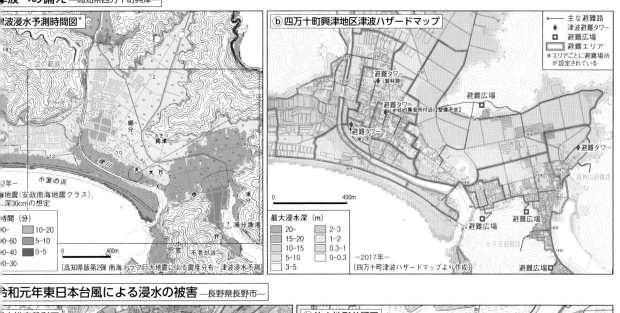

a 津波浸水予測時間図 *

郷分
興津
小室の浜
浦分漁港
小室
不老が谷

…2年…
…地震（安政南海地震クラス）、
…深30cmの想定

…時間（分）
…0- 10-20
…0-60 5-10
…0-40 0-5
…0-30

〔高知県版第2弾 南海トラフ巨大地震による震度分布・津波浸水予測〕

b 四万十町興津地区津波ハザードマップ

←→ 主な避難路
◆ 津波避難タワー
□ 避難広場
▭ 避難エリア
*エリアごとに避難場所が設定されている

避難タワー（製材跡）
避難タワー〔今日的集会所付近〕〔整備予定〕
避難タワー〔沖ノ下〕
避難広場
避難タワー
避難広場
避難広場
銭神山避難路
七子谷避難路
避難広場

0 400m

最大浸水深（m）
20-
15-20　2-3
10-15　1-2
5-10　0.3-1
3-5　0-0.3

—2017年—
〔四万十町津波ハザードマップより作成〕

令和元年東日本台風による浸水の被害 —長野県長野市—

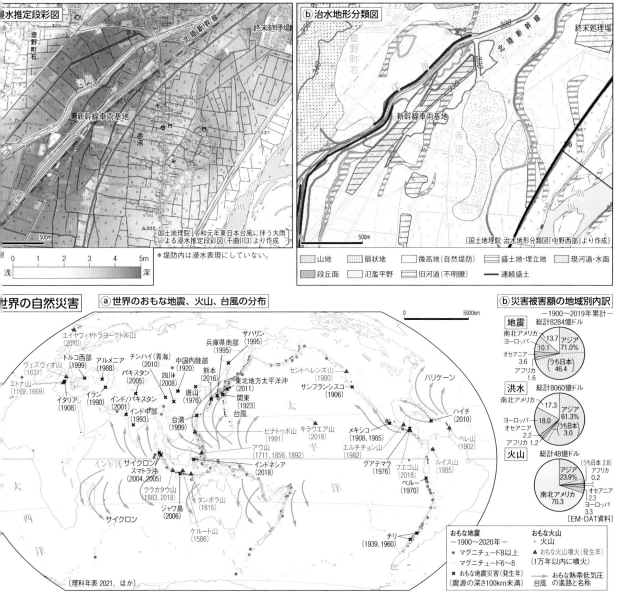

a 浸水推定段彩図

豊野町石
北陸新幹線
終末処理場
新幹線車両基地
赤沼

0 500m

〔国土地理院「令和元年東日本台風に伴う大雨による浸水推定段彩図（千曲川3）」より作成〕

*堤防内は浸水表現にしていない。

0 1 2 3 4 5m
浅　深

b 治水地形分類図

北陸新幹線
終末処理場
豊野町石
新幹線車両基地
赤沼

0 500m

〔国土地理院 治水地形分類図「中野西部」より作成〕

山地　扇状地　微高地（自然堤防）　盛土地・埋立地　現河道・水面
段丘面　氾濫平野　旧河道（不明瞭）　―― 連続盛土

世界の自然災害

a 世界のおもな地震、火山、台風の分布

0 5000km

エイヤフィヤトラヨークトル山（2010）
トルコ西部（1999）
アルメニア（1988）
ヴェズヴィオ山（1631）
エトナ山（1169、1669）
イタリア（1908）
イラン（1990）
パキスタン（2005）
インド・パキスタン（2001）
インド中部（1993）
チンハイ（青海）（2010）
四川（2008）
中国内陸部（1920）
唐山（1976）
台湾（1999）
台風
サハリン（1995）
兵庫県南部（1995）
熊本（2016）
東北地方太平洋沖（2011）
関東（1923）
セントヘレンズ山（1980）
サンフランシスコ（1906）
ハリケーン
ハイチ（2010）
ピナトゥボ山（1991）
キラウエア山（2018）
メキシコ（1908、1985）
グアテマラ（1976）
エルチチョン山（1982）
フエゴ山（2018）
ルイス山（1985）
ペレ山（1902）
ペルー（1970）
アウ山（1711、1856、1892）
インドネシア（2018）
サイクロン
スマトラ沖（2004、2005）
クラカタウ山（1883、2018）
タンボラ山（1815）
ジャワ島（2006）
ケルート山（1586）
サイクロン
チリ（1939、1960）

太平洋　インド洋　大西洋

おもな地震
—1900〜2020年—
● マグニチュード8以上
・ マグニチュード6〜8
✕ おもな地震災害（発生年）（震源の深さ100km未満）

おもな火山
・ 火山
▲ おもな火山噴火（発生年）（1万年以内に噴火）
→ おもな熱帯低気圧 台風の進路と名称

〔理科年表 2021、ほか〕

b 災害被害額の地域別内訳

—1900〜2019年累計—

地震 総計8284億ドル
南北アメリカ 13.7
ヨーロッパ 10.1
オセアニア 3.6
アフリカ 1.6
アジア 71.0%（うち日本 46.4）

洪水 総計8060億ドル
南北アメリカ 17.3
ヨーロッパ 18.0
オセアニア 2.2
アフリカ 1.2
アジア 61.3%（うち日本 3.0）

火山 総計48億ドル
アジア 23.9%（うち日本 2.8）
アフリカ 0.2
オセアニア 2.3
ヨーロッパ 3.3
南北アメリカ 70.3

〔EM-DAT資料〕

①地図と地理情報システム（GIS）

紙地図

- ある縮尺で広い範囲を一度に表現しやすい
- 目的に特化した情報が均一にまとまっている
- 電子機器の有無を問わず、手軽に閲覧できる

デジタル地図

- 拡大・縮小や方向転換が自由にできる
- つなぎ目のないシームレスな地図を表示でき、表示範囲を自由に動かせる
- 地図が位置情報を保持している
- 地球上のどこにいても現在地を表示できる

GIS を利用した表示や分析、情報処理

- 必要な情報だけを選択して表示できる
- 膨大なデータを高速で処理し可視化できる
- 情報をリアルタイムに更新できる
- インターネットを通じて社会全体で共有できる

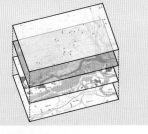

②身近な GIS ⓐ気象情報

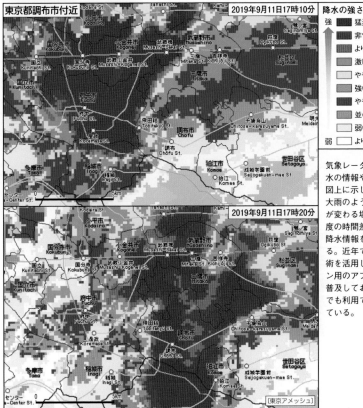

東京都調布市付近　2019年9月11日17時10分

降水の強さ
- 強　猛烈な雨
- 非常に激しい雨
- より激しい雨
- 激しい雨
- やや激しい雨
- 強い雨
- やや強い雨
- 並の雨
- 弱い雨
- 弱　より弱い雨

2019年9月11日17時20分

［東京アメッシュ］

気象レーダーがとらえ水の情報や将来の予測図上に示している。局大雨のように刻一刻とが変わる場合でも、数度の時間差で詳細な地降水情報を得ることがる。近年ではこのよう術を活用したスマートン用のアプリケーショ普及しており、外出先でも利用できるようにている。

ⓑカーナビゲーションシステム

人工衛星から得た位置と、FM ラジオ経由のやインターネットなどじて得た周辺情報を地に表示し、経路案内う。リアルタイムに得滞情報や交通規制などンピュータが複合的にし、状況に応じて最適路を導き出すことがる。

③GIS を利用した分析のしくみとレイヤー機能　—店舗の立地分析の例—

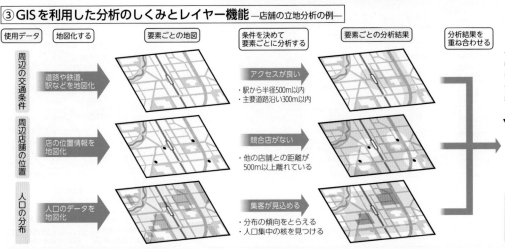

| 使用データ | 地図化する | 要素ごとの地図 | 条件を決めて要素ごとに分析する | 要素ごとの分析結果 | 分析結果を重ね合わせる | 総合評価する |

周辺の交通条件　道路や鉄道、駅などを地図化　アクセスが良い
- 駅から半径500m以内
- 主要道路沿い300m以内

周辺店舗の位置　店の位置情報を地図化　競合店がない
- 他の店舗との距離が500m以上離れている

人口の分布　人口のデータを地図化　集客が見込める
- 分布の傾向をとらえる
- 人口集中の核を見つける

それぞれの分析結果を重ね合わせ、に評価する。
*GISはさまざまな要素の地図を層状合わせられる構造になっているためがしやすい特徴をもつ。（レイヤー構

分析の結果、店舗の立地条件合する地域が抽出できる。この、を最終的な店舗出店の判断材て活用することができる。

IS を活用して生活圏や国土の課題を分析した例 —栃木県足利市—

※ⓑ〜ⓕ図は、平成 27 年国勢調査報告および足利市資料をもとに作成。
背景は地理院地図を使用し陰影を透過させた。

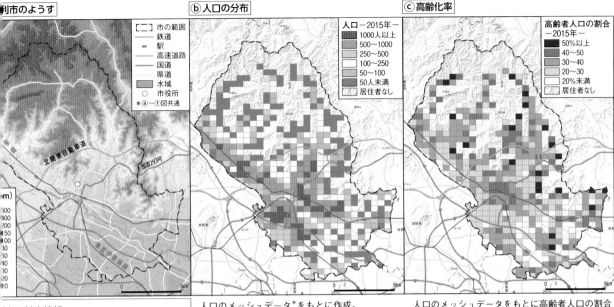

ⓐ 利市のようす

凡例	
[二]	市の範囲
───	鉄道
●	駅
───	高速道路
───	国道
───	県道
■	水域
○	市役所

＊ⓐ〜ⓕ図共通

ⓑ 人口の分布

人口 ー2015年ー
1000人以上
500〜1000
250〜500
100〜250
50〜100
50人未満
居住者なし

人口のメッシュデータ＊をもとに作成。
＊地域を格子状に分割し、その範囲の居住者の数などを統計として処理したデータ。

ⓒ 高齢化率

高齢者人口の割合 ー2015年ー
50％以上
40〜50
30〜40
20〜30
20％未満
居住者なし

人口のメッシュデータをもとに高齢者人口の割合（高齢化率）を計算して作成。
高齢化率(%) = 65 歳以上の人口 ÷ (総人口 − 年齢不詳人口) × 100

市の基本情報

口：147,608 人 (2019 年 10 月)
化率：31.8%（2019 年 10 月）
積：177.76km²
域：東西 18.8km、南北 19.1km
置：栃木県の南西部に位置し、群馬県と接する

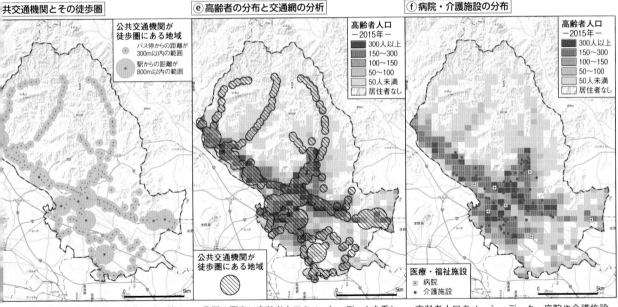

ⓓ 共交通機関とその徒歩圏

公共交通機関が徒歩圏にある地域
バス停からの距離が 300m 以内の範囲
駅からの距離が 800m 以内の範囲

やバス停の位置情報をもとに作成。バス停か
は半径 300m、駅からは半径 800m の円＊を
れぞれ生成し、この範囲を徒歩圏と設定した。
る地物から一定の距離の領域をバッファーとよぶ。

ⓔ 高齢者の分布と交通網の分析

高齢者人口 ー2015年ー
300人以上
150〜300
100〜150
50〜100
50人未満
居住者なし

公共交通機関が徒歩圏にある地域

ⓓ図の要素に高齢者人口のメッシュデータを重ねて分析。
＊ⓓ図の駅からのバッファーとバス停からのバッファーを統合する処理を加えた。

ⓕ 病院・介護施設の分布

高齢者人口 ー2015年ー
300人以上
150〜300
100〜150
50〜100
50人未満
居住者なし

医療・福祉施設
⊞ 病院
● 介護施設

高齢者人口のメッシュデータ、病院や介護施設の位置情報をもとに作成。

▲ 情報通信技術(ICT)の発達により、地図化できるデータが広く整備・公開されるようになった。これらのデータを地図化することで、数値だけでは見えにくい現象をとらえやすくなる。さらに作成した地図を重ね合わせることで、さまざまな角度から考察することができる。
このような統計データをウェブ上で地図化するGIS（WebGIS）は、無料で使用できるものも多い。また、GISは行政の政策決定や企業のマーケティングなどの分野で幅広く活用されている。

① 自然災害の前後　ー東日本大震災と復興・陸前高田市ー

ⓐ 2010年

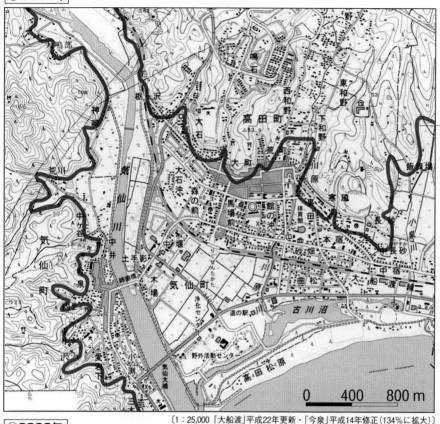

ー 東日本大震災における津波浸水範囲

※ 陸前高田市の地形図に浸水範囲
　概況図（国土地理院）を重ね合わ
　せて作成。

〔1:25,000「大船渡」平成22年更新・「今泉」平成14年修正（134％に拡大）〕

ⓑ 2023年

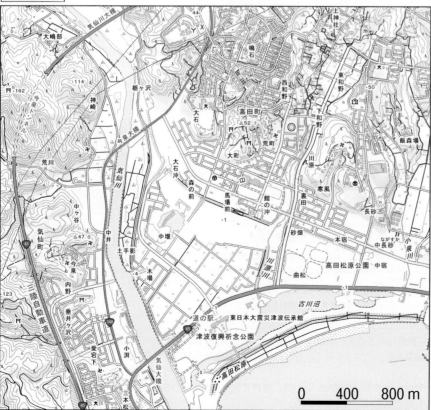

〔電子地形図 25000　令和5年4月調製（134％に拡大）〕

2011年3月11日に発生した東北地方太平洋沖地震（東日本大震災）に伴う津波は、陸前高田市では津波痕跡高＊が18.3mに及び、市街地を襲った。市役所、消防署、病院など災害対応の拠点となるべき施設が甚大な被害を受け、多くの犠牲者が生じた。海岸沿いにあった「高田松原」の約7万本の松も、ほぼすべて流されてしまったところに1本のみ残り「奇跡の一本松」として復興のシンボルとなった。

市の復興計画に基づき、市街地全体が約10m嵩上げされ、市役所は旧庁舎より内陸側の土地に移転した。その間、高台の造成地には新たな住宅地が造られ、市街地で被災した住民が移り住み、消防署なども再建された。JR大船渡線は廃線となり、大船渡線BRT（バス高速輸送システム）の運行が行われている。

＊津波が押し寄せた痕跡の海水面からの高さ。

地域開発の前後　—海岸砂丘と掘り込み式港湾・新潟東港—

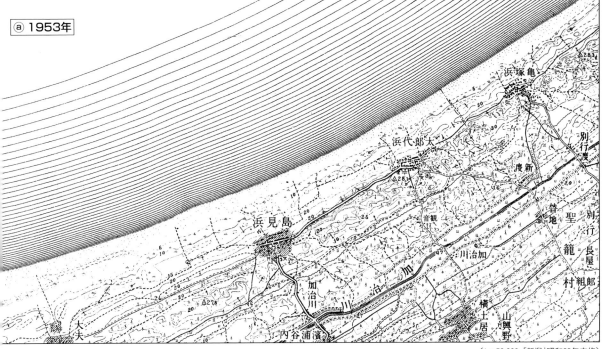

ⓐ 1953年

〔1：50,000「新潟」昭和28年応修〕

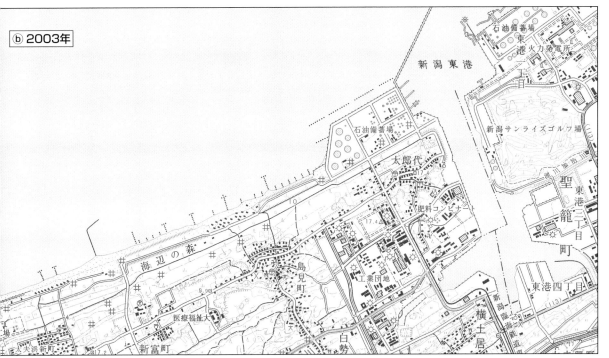

ⓑ 2003年

〔1：50,000「新潟」平成17年修正〕

　新潟市は、1962年策定の全国総合開発計画に基づく「新産業都市」に指定された。大規模な重化学工業地帯の形成を目指して、その中核となる新潟東港は1963年に着工、1969年に開港した。一帯は日本海から吹き込む冬の季節風が強く、海岸に沿って数列の砂丘が発達し、砂丘の内側や砂丘の間の低地に集落や水田がみられる（図ⓐ）。新潟東港は、船舶が入港できるように砂丘を掘り込んで建設され、周辺は地面を整え工業用地が造成された。しかし、1970年代の石油危機と高度経済成長の終焉により、港湾の東側に計画された非鉄金属工場や石油精製所の建設は企業が進出を断念したため、用地の一部はゴルフ場として利用されている。臨海部には民間企業による石油・天然ガスの備蓄基地がある。港湾の西側には工業団地が立地しているが、当初の計画に比べ開発規模は縮小した。図ⓑの海岸沿いにみられる油井・ガス井の記号（♯）は天然ガスの生産施設である。

SUSTAINABLE DEVELOPMENT GOALS

「持続可能な開発目標（エスディージーズ SDGs: サスティナブル ディベロップメント ゴールズ Sustainable Development Goals）」とは、国際社会が 2030年までに取り組むべき題とその解決に向けた目標として、2015年国連持続可能な開発サミットで採択された、世界共通の 17の目標である。

これまで国際社会で取り組んできた開発目標と異なる点は、発展途上国の開発だけでなく、全ての国が取り組むべきとれている点である。そのため、世界のさまざまな立場の人々が、SDGsの目標達成に向けた具体的な行動を起こすことがめられている。その際、「誰一人取り残さない」という SDGsの理念を理解して行動することが重要である。

1 貧困をなくそう

あらゆる場所のあらゆる形態の貧困を終わらせる。

世界には極度な貧困に苦しむ人々がまだ多くいる。一方で、先進国においても貧困によって厳しい生活を送らざるを得ない人々がいる。

2 飢餓をゼロに

飢餓を終わらせ、すべての人が1年を通して栄養のある十分な食料を確保できるようにし、持続可能な農業を促進する。

2030年までにあらゆる形態の栄養不良を解消する。農業の生産性を上げ、食料価格の極端な変動に歯止めをかける。

3 すべての人に健康と福祉を

あらゆる年齢のすべての人々の健康的な生活を確保し、福祉を促進する。

金銭的な理由、人種差別、病院や医師の不足、医療技術の未発達などさまざまな理由により、健康的な生活を送れない人々がいる。

4 質の高い教育をみんなに

すべての人が受けられる公正で質の高い教育の完全普及を達成し、生涯にわたって学習できる機会を増やす。

発展途上国を中心に学校の建設や先生の育成などが進められているが、女性が十分な教育を受けられず、識字率が低い地域がある。

5 ジェンダー平等を実現しよう

男女平等を達成し、すべての女性および女児の能力の可能性を伸ばす。

発展途上国では農村部を中心に古くからの慣習で女性が低年齢で結婚・出産している地域がある。先進国でも女性の権利保護や社会進出が遅れている国や業種がある。

6 安全な水とトイレを世界中に

すべての人が安全な水とトイレを利用できるよう衛生環境を改善し、ずっと管理していけるようにする。

水不足や水質汚染によって病気や感染症にかかる人々がアフリカなどの発展途上国に多く存在する。水の安定供給や下水の処理方法などが模索されている。

7 エネルギーをみんなにそしてクリーンに

すべての人が、安くて安定した持続可能な近代的なエネルギーを利用できるようにする。

地球温暖化につながる二酸化炭素を増やさず、持続可能な電力を確保するために再生可能エネルギーの普及が進められている。

8 働きがいも経済成長も

誰も取り残さないで持続可能な経済成長を促進し、すべての人が生産的で働きがいのある人間らしい仕事に就くことができるようにする。

持続的な経済成長のためには安定的な仕事に就く必要がある。発展途上国での児童労働は教育を受けられない問題にもつながる。

9 産業と技術革新の基盤をつくろう

災害に強いインフラをつくり、持続可能な形で産業を発展させ技術革新を推進する。

今ある技術や産業は将来的になくなる可能性がある。未来におけるローカルスケールでの地域経済を支える産業を模索することも求められている。

10 人や国の不平等をなくそう

国内および各国家間の不平等を見直す。

世界の最も豊かな1%の人が、世界全体の富の約33%をもっているといわれるほど、富の分配の不平等があり、経済格差が広がっている。

11 住み続けられるまちづくりを

安全で災害に強く、持続可能な都市および居住環境を実現する。

発展途上国のスラムを改善する。また、社会的弱者に配慮し、災害リスクに備えるまちづくりを行い、現代的コミュニティの構築を考える。

12 つくる責任つかう責任

持続可能な方法で生産し、消費する取り組みを進める。

限られた資源を未来に残すために、大量生産・大量廃棄の現代を見直し、廃棄物の発生を大幅に削減することで資源の有限性について考える。

13 気候変動に具体的な対策を

気候変動およびその影響を軽減するための緊急対策を講じる。

気象災害は世界中で年々増加しており、とくに洪水や海面上昇をはじめとした水害は島嶼部やデルタ地帯に多く、水害のたびに多くの人が環境難民となっている。

14 海の豊かさを守ろう

持続可能な開発のために海洋資源を保全し、持続可能な形で利用する。

人間が行う生活や産業などの活動が引き起こすあらゆる種類の海洋汚染を防止し、海洋資源を守る必要がある。

15 陸の豊かさも守ろう

陸上の生態系や森林の保護・回復と持続可能な利用を推進し、砂漠化と土地の劣化に対処し、生物多様性の損失を阻止する。

人為的・気候的要因によるあらゆる森林の減少を阻止し、発展途上国への資金的援助を行う必要がある。

16 平和と公正をすべての人に

持続可能な開発のための平和的で誰も置き去りにしない社会を促進し、すべての人が法や制度で守られる社会を構築する。

子どもに対する虐待、搾取、人身売買などの平和を脅かす問題を解決し、非差別的な法や政策を推進する必要がある。

17 パートナーシップで目標を達成しよう

目標の達成のために必要な手段を強化し、持続可能な開発に向けて世界のみんなで協力する。

持続可能な社会の実現を共通の目標として 1～16についての解決策を協働して検討し、資金援助をし合うことが必要である。

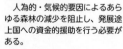

▲17の目標は相互に関連をもっている。各目標はどのような関連性があるのか、考えてみよう。ただし、ある目標を達成するために別の目標の達成を犠牲にしてはならず、どのようにすれば両立できるのかを考えることが大切である。

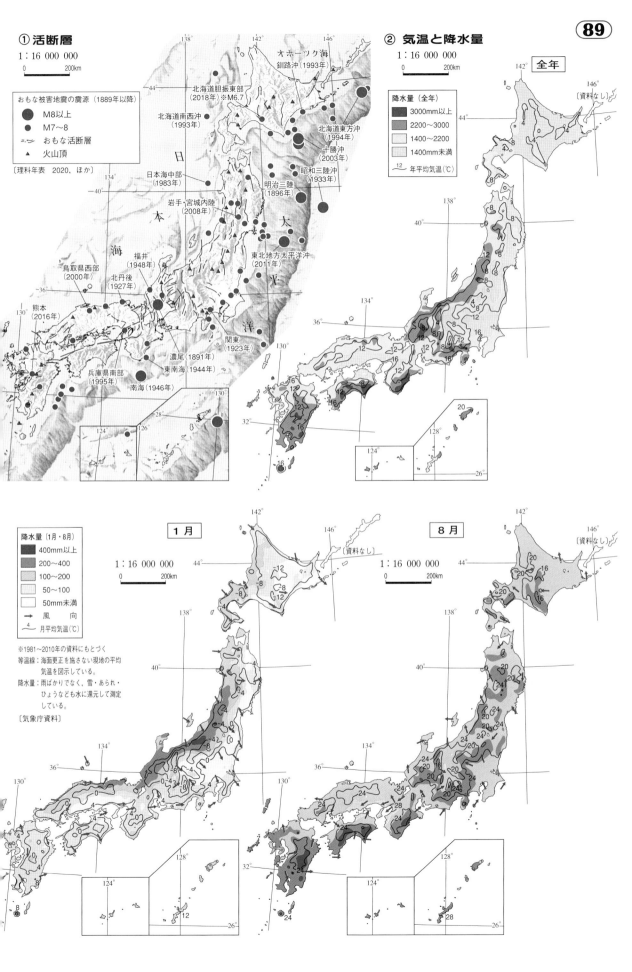

①世界の水陸分布

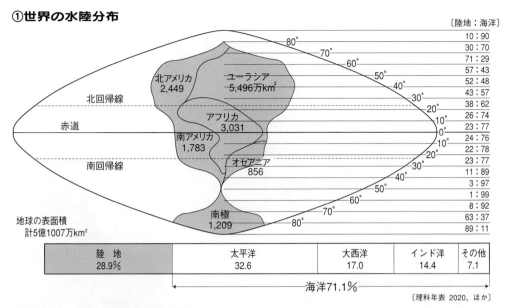

〔陸地：海洋〕

	10：90
80°	30：70
70°	71：29
60°	57：43
50°	52：48
40°	43：57
30°	38：62
20°	26：74
10°	23：77
0°	24：76
10°	22：78
20°	23：77
30°	11：89
40°	3：97
50°	1：99
60°	8：92
70°	63：37
80°	89：11

北アメリカ 2,449　ユーラシア 5,496万km²
北回帰線
赤道
アフリカ 3,031
南アメリカ 1,783
南回帰線
オセアニア 856
南極 1,209

地球の表面積
計5億1007万km²

陸　地 28.9%	太平洋 32.6	大西洋 17.0	インド洋 14.4	その他 7.1

海洋71.1%

〔理科年表 2020，ほか〕

②陸半球（左）と水半球（右）

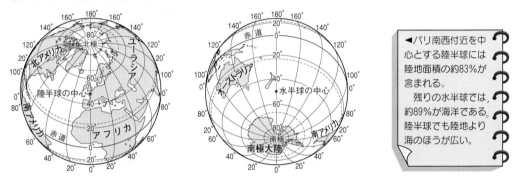

◀パリ南西付近を中心とする陸半球には陸地面積の約83%が含まれる。
　残りの水半球では，約89%が海洋である。陸半球でも陸地より海のほうが広い。

③陸地と海洋の高度別の割合

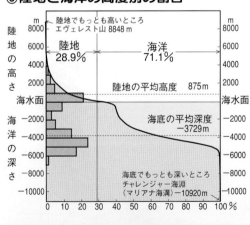

④大陸別の高度分布

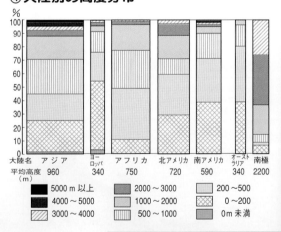

	5000 m 以上	2000 ～ 3000	200～500
	4000 ～ 5000	1000 ～ 2000	0 ～200
	3000 ～ 4000	500 ～ 1000	0m 未満

▲南極は平均約2500mの厚さの大陸氷河（氷床）で覆われ平均高度が高いが，氷床の下の岩盤は海面より低い。
　アフリカは200m未満が9.7%である一方，ヨーロッパは52.7%と広い。

⑤地質時代と造山帯の形成期

現在より何年前	46億年	5億4,100万年	2億5,200万年	6,600万年	2,300万年	259万年	1.2万年
地質時代	先カンブリア時代	古 生 代	中 生 代	古第三紀	新第三紀	更新世	完新世
						第四紀	
				新 生 代			

大地形の平均高度と造山帯の形成期

安定陸塊　古期造山帯　新期造山帯
造山帯の形成期

高度
6000m
4000
2000
0

⑥地球の歴史

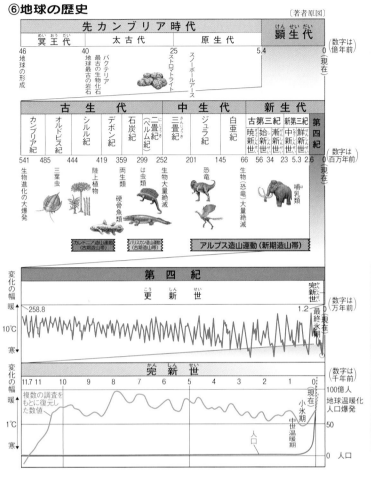

⑦プレートの境界

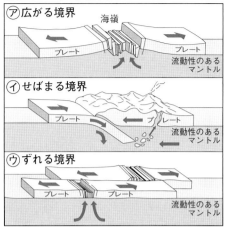

▲ 広がる境界はマントル対流のわきあがるところで，新しいプレートがつくられ，両側に広がっていく。大洋の中央部を走る海嶺が対応し，アフリカ大地溝帯はこれが陸上に現れたものといわれる。せばまる境界では，海洋プレートが，より軽い大陸プレートの下にもぐり込み，海溝とこれに平行する弧状列島（日本列島など）や山脈（アンデスなど）が形成され，火山が多い。大陸プレートどうしが衝突すると，ヒマラヤ山脈のような大山脈が形成される。せばまる境界はほぼ新期造山帯に対応する。ずれる境界はプレートとプレートがすれちがうところで，横ずれ断層が形成される。（☞ p.4-5）

⑧日本の火山の成因

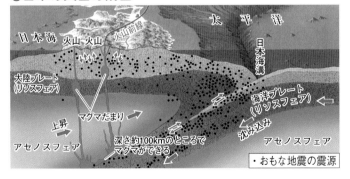

⑨ハワイ諸島とホットスポット

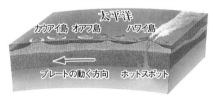

▲ マントル深部には固定されたマグマの供給源がある。ここから玄武岩マグマが地表に噴出し，ハワイのような火山島をつくる。このマグマの源はホットスポットとよばれる。

⑩侵食平野の地形

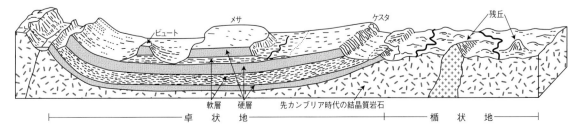

① 沖積平野と扇状地

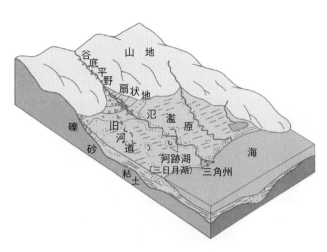

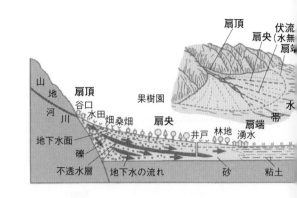

② 谷底平野と河岸段丘の形成

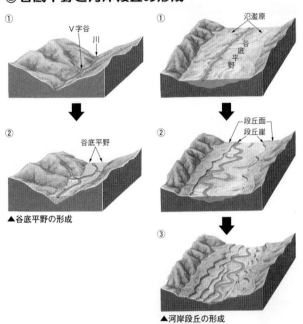

▲谷底平野の形成

▲河岸段丘の形成

③ 海岸段丘の形成

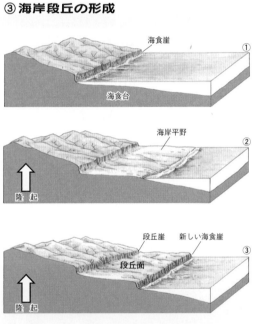

④ 関東平野の地形

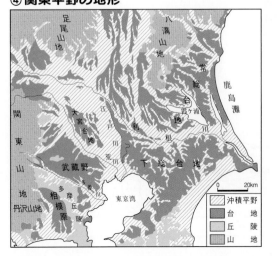

	沖積平野
	台　地
	丘　陵
	山　地

0　　20km

⑤ 関東地方の旧海岸線と貝塚の分布

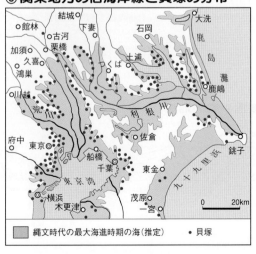

縄文時代の最大海進時期の海（推定）　● 貝塚

0　　20km

⑥さまざまな海岸地形

◀リアス海岸など沈水海岸では，突出部の先端は波などの侵食作用を受けやすく，海食崖が形成される。削られた土砂や河川から供給された砂が沿岸流によって運ばれ，海に突出して堆積したものを砂嘴，砂嘴がさらに伸びてほとんど対岸に達したものを砂州という。砂州によって陸続きになった島を陸繋島，陸繋島をつくる砂州をトンボロ（陸繋砂州）という。砂州などによって外海から隔てられ，湖となったものはラグーン（潟湖）とよばれる。

⑦氷床（大陸氷河）と永久凍土

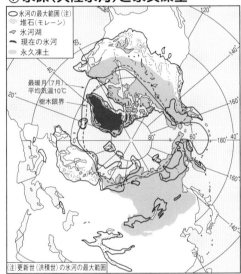

◀更新世の最終氷期には，スカンディナヴィア半島・ラブラドル半島を中心に，氷床（大陸氷河）が広がっていた。
氷河が広がっていた地域には，現在でも氷河地形が残る。また，氷河は，地表面を削って侵食していくため，氷食を受けた地域ではやせ地となっており，農耕には適さず，酪農が卓越している地域もみられる。

⑧緯度別の年平均気温と年較差 ⑨大気大循環の模式図 ⑩緯度別の年降水量と蒸発量

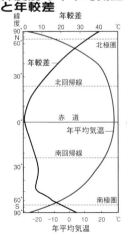
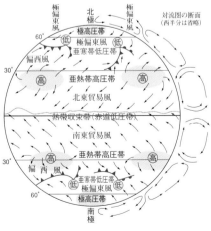
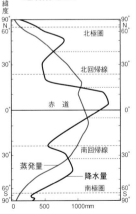

▲赤道付近であたためられて上昇した大気は，熱帯収束帯（赤道低圧帯）を形成し，高緯度側へ向かうが，緯度30度付近では，下降して亜熱帯高圧帯を形成する。ここから大気は赤道側へは貿易風，高緯度側へは偏西風となって吹き出す。極付近で冷やされた大気は下降し，極高圧帯を形成し，ここから吹き出す極偏東風は偏西風とぶつかり，上昇気流を生じ，亜寒帯低圧帯となる。

①世界のおもな局地風と熱帯低気圧

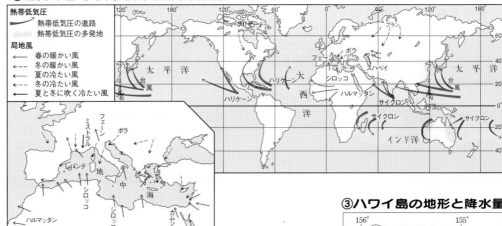

熱帯低気圧
- ～ 熱帯低気圧の進路
- 熱帯低気圧の多発地

局地風
- ← 春の暖かい風
- ←-- 冬の暖かい風
- ← 夏の冷たい風
- ←-- 冬の冷たい風
- ← 夏と冬に吹く冷たい風

②降水量の季節変化

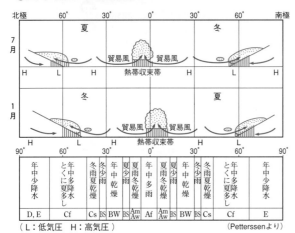

北極 90°	60°	30°	0°	30°	60°	南極 90°
年中少降水	年中多降水とくに夏多し	冬雨夏少し	冬少雨	夏雨夏乾燥	夏少雨	年中多雨	夏雨冬乾燥	夏少雨	年中乾燥	冬少雨	冬雨夏乾燥	年中多降水とくに夏多し	年中少降水

| D, E | Cf | Cs | BS | BW | Am
Aw | Af | Am
Aw | BS | BW | BS | Cs | Cf | E |

（ L：低気圧　H：高気圧 ）　　　　　　　　　　　　　　　（Petterssenより）

③ハワイ島の地形と降水量

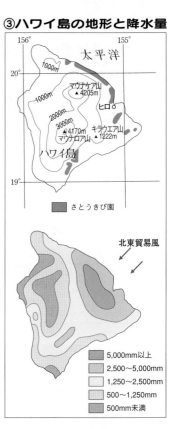

さとうきび園

北東貿易風

- 5,000mm以上
- 2,500～5,000mm
- 1,250～2,500mm
- 500～1,250mm
- 500mm未満

▶島のほぼ中央部に北東貿易風をさえぎる山地があるので，風上側にあたる東部では降水量が多い。さとうきびの栽培もこの地域に多い。いっぽう，風下側にあたる西部では降水量が少なく，砂漠なみに乾燥している地域もみられる。

④アジアモンスーン地域

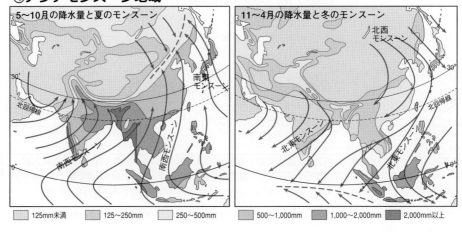

5～10月の降水量と夏のモンスーン　　　11～4月の降水量と冬のモンスーン

- 125mm未満
- 125～250mm
- 250～500mm
- 500～1,000mm
- 1,000～2,000mm
- 2,000mm以上

⑤気候区分に用いる記号の意味

気候	気候帯	気候区	記号の説明と分類の基準
湿潤気候	熱帯（A） 最寒月18℃	熱帯雨林気候 （Af・Am）区	f：年中多雨（最少雨月降水量≧60mm） m：fとwの中間，弱い乾季あり 　　（Amを熱帯モンスーン気候とよぶこともある）
		サバナ気候（Aw）区	w：乾季がある 　　（最少雨月降水量が60mm未満で年降水量がこれを補うほど多くない）
	温帯（C） 最暖月22℃ 最寒月−3℃	温暖冬季少雨気候（Cw）区	w：冬に少雨 　　（最少雨月降水量×10≦最多雨月降水量）
		地中海性気候（Cs）区	s：夏に少雨 　　（最少雨月降水量×3≦最多雨月降水量，かつ最少雨月降水量＜30mm）
		温暖湿潤気候（Cfa）区	f：年中多雨 a：最暖月の平均気温22℃以上
		西岸海洋性気候（Cfb, Cfc）区	f：年中多雨 b：最暖月の平均気温22℃未満 　　月平均気温10℃以上の月が4か月以上 c：最暖月の平均気温22℃未満 　　月平均気温10℃以上の月が1〜3か月
	亜寒帯（D） （冷帯） 最暖月10℃	亜寒帯湿潤気候（Df）区	f：年中多雨
		亜寒帯冬季少雨気候（Dw）区	w：冬に少雨 　　（最少雨月降水量×10≦最多雨月降水量）
	寒帯（E） 最暖月0℃	ツンドラ気候（ET）区	最暖月の平均気温0℃以上10℃未満
		氷雪気候（EF）区	最暖月でも平均気温0℃未満
乾燥気候	乾燥帯（B）	砂漠気候（BW）区	※を参照
		ステップ気候（BS）区	
〔山岳気候〕		山地気候（G）区	2000m以上3000m未満の山地
		高山気候（H）区	3000m以上の高山

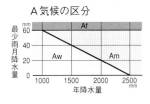

A気候の区分

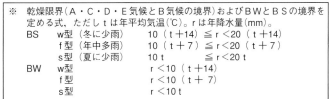

※　乾燥限界（A・C・D・E気候とB気候の境界）およびBWとBSの境界を定める式，ただしtは年平均気温（℃）。rは年降水量（mm）。

BS	w型（冬に少雨）	10（t＋14）≦r＜20（t＋14）
	f型（年中多雨）	10（t＋7）≦r＜20（t＋7）
	s型（夏に少雨）	10 t　　≦r＜20 t
BW	w型	r＜10（t＋14）
	f型	r＜10（t＋7）
	s型	r＜10 t

⑥ケッペンの気候区分

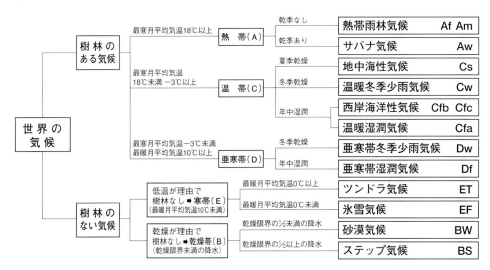

①西岸気候と東岸気候、大陸性気候と海洋性気候

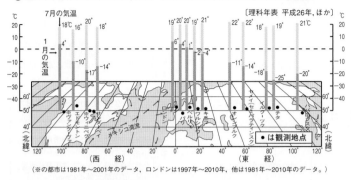

（※の都市は1981年～2001年のデータ、ロンドンは1997年～2010年、他は1981年～2010年のデータ。）

▶沿海部に比べて大陸内部の方が夏はやや高温、冬は著しく低温になり、気温の年較差は大陸内部の方が大きい。

大陸東岸では、冬は高緯度の冷たい大陸側からの季節風が吹き、暖かい海洋からの偏西風が吹く西岸よりも低温となる。

②仮想大陸上の気候区分

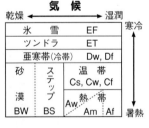

*Amを含む

③大陸の気候区割合（％）

気候区 \ 大陸	Af	Aw	BS	BW	Cw	Cs	Cf	Df	Dw	ET	EF
ユーラシア	3.5	3.9	15.9	10.2	9.6	2.2	5.7	25.8	13.4	9.8	－
アフリカ	19.8	18.8	21.5	25.2	13.1	1.3	0.3	－	－	－	－
北　　米	2.8	2.4	10.7	3.7	2.0	0.8	10.7	43.4	－	17.3	6.2
南　　米	26.9	36.5	6.7	7.3	6.7	0.3	14.0	－	－	1.6	－
オーストラリア	7.9	9.0	25.8	31.4	6.8	7.9	11.2	－	－	－	－

▶左図はケッペンの気候区分の規則性を模式的に表現したものである。中央の部分が現実の水陸比にもとづいて考えられた仮想大陸である。赤道から離れるにしたがってA，B，C，D，Eと配列しているが、BやCsは大陸西岸、CwやDwは大陸東部にしか分布しないことに注意。南半球にはDが存在しないことにも注意。

④気候・植生・土壌の対応関係

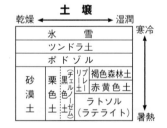

⑤水の循環

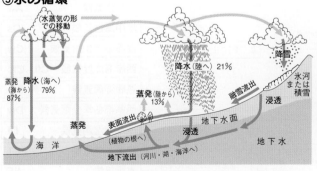

▶地球上の水の総量は一定で、固体・液体・気体に形態を変えながら循環している。海洋上では蒸発量が降水量より多いが、陸上ではその逆で、余剰分が海洋に流出する。

⑥世界のおもな河川の流量変化

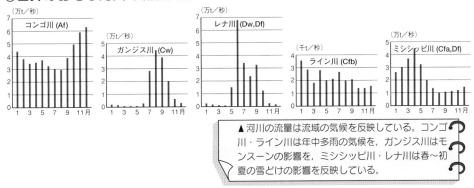

▲河川の流量は流域の気候を反映している。コンゴ川・ライン川は年中多雨の気候を，ガンジス川はモンスーンの影響を，ミシシッピ川・レナ川は春～初夏の雪どけの影響を反映している。

⑦日本のおもな河川の流量変化

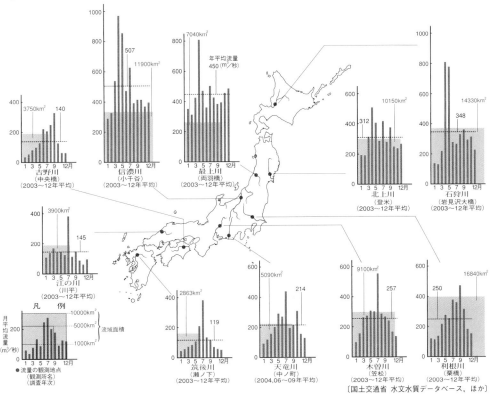

〔国土交通省 水文水質データベース，ほか〕

⑧おもな河川の縦断曲線

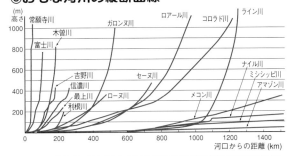

▲河川の縦断曲線は流域の地形を反映している。新期造山帯の島国の日本の河川は急勾配，安定陸塊を流れるアマゾン川は緩傾斜である。

⑨地下水の模式断面図

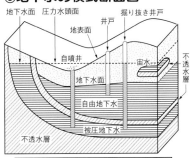

▲盆地底よりも被圧地下水面が高い場合，掘り抜き井戸を掘れば自噴する。

①農作物の原産地と伝播ルート

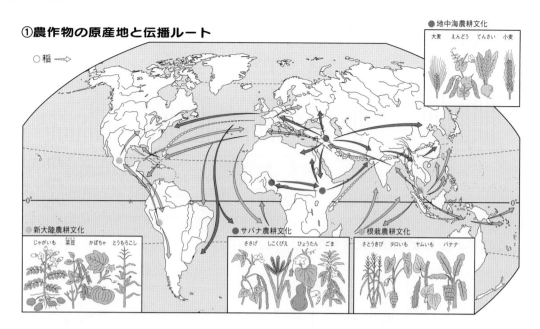

● 地中海農耕文化

大麦　えんどう　てんさい　小麦

○稲 ---⇨

● 新大陸農耕文化

じゃがいも　菜豆　かぼちゃ　とうもろこし

● サバナ農耕文化

ささげ　しこくびえ　ひょうたん　ごま

● 根栽農耕文化

さとうきび　タロいも　ヤムいも　バナナ

②世界の作物の栽培限界

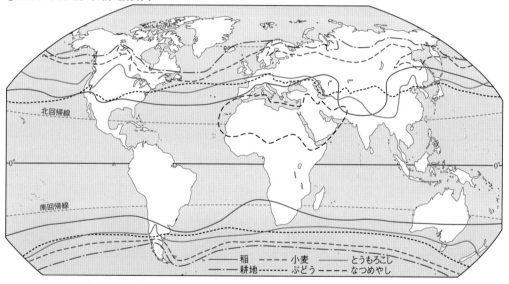

北回帰線

南回帰線

―― 稲　　---- 小麦　　―― とうもろこし
―― 耕地　　‥‥‥ ぶどう　　－－ なつめやし

③熱帯・亜熱帯の輸出用商品作物の分布

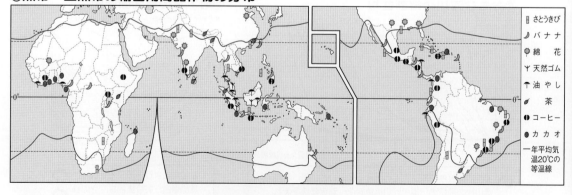

さとうきび
バナナ
綿花
天然ゴム
油やし
茶
コーヒー
カカオ
一年平均気温20℃の等温線

▲年中多雨地域で栽培されるのが天然ゴム・カカオ・バナナ・茶（排水の良い斜面が必要），乾季が必要なのがさとうきび・コーヒー・綿花である。綿花は近年乾燥地域での灌漑による栽培が多い。

④ 牛の分布と牛肉の移動

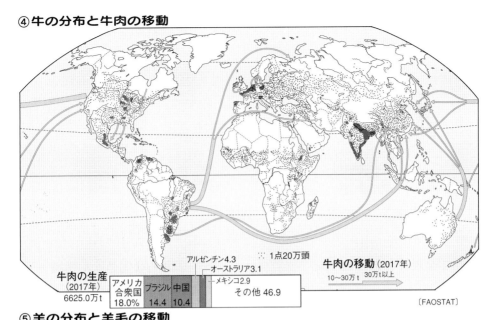

アルゼンチン4.3
└オーストラリア3.1
└メキシコ2.9
　その他 46.9

∴ 1点20万頭

牛肉の生産
(2017年)
6625.0万t

| アメリカ合衆国 18.0% | ブラジル 14.4 | 中国 10.4 | | |

牛肉の移動 (2017年)

10～30万t　30万t以上

〔FAOSTAT〕

⑤ 羊の分布と羊毛の移動

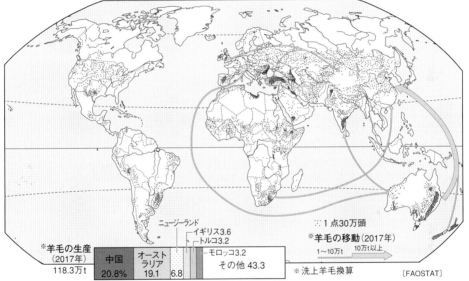

ニュージーランド
└イギリス3.6
└トルコ3.2
└モロッコ3.2
　その他 43.3

∴ 1点30万頭

※羊毛の生産
(2017年)
118.3万t

| 中国 20.8% | オーストラリア 19.1 | 6.8 | | |

※羊毛の移動 (2017年)

1～10万t　10万t以上

※洗上羊毛換算

〔FAOSTAT〕

⑥ 豚の分布と豚肉の移動

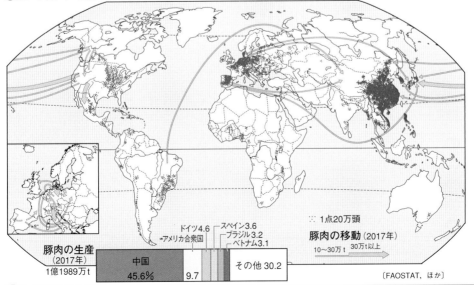

ドイツ4.6
└スペイン3.6
アメリカ合衆国└ブラジル3.2
　　　　　　　└ベトナム3.1

∴ 1点20万頭

豚肉の生産
(2017年)
1億1989万t

| 中国 45.6% | 9.7 | | その他 30.2 |

豚肉の移動 (2017年)

10～30万t　30万t以上

〔FAOSTAT, ほか〕

▲牛は各地で飼育され，頭数ではブラジルやインド（ただし食肉にせず）が上位。羊は乾燥地域（特にオーストラリア）に，豚は中国や混合農業地域に多い。なおイスラーム（イスラム教）・ユダヤ教では豚は不浄な動物とされる。

① 農業の集約度と生産性

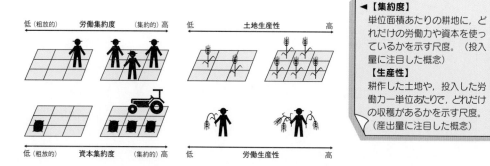

②農業生産性の国際比較 （2008～2012年平均）

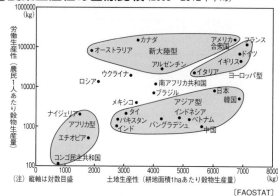

（注）縦軸は対数目盛
〔FAOSTAT〕

▲ヨーロッパでは土地生産性・労働生産性とも高く，新大陸ではアメリカを除き，労働生産性は高いが土地生産性は低い。アジアでは土地生産性はほぼ両者の中間，労働生産性は低い。

③おもな国の土地利用 （2017年）

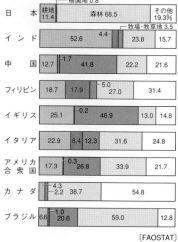

	耕地	樹園地	森林	牧場・牧草地	その他
日 本	11.4	0.8	68.5	—	19.3%
イ ン ド	52.6	4.4	23.8	3.5	15.7
中 国	12.7	1.7	41.8	22.2	21.6
フィリピン	18.7	17.9	27.0	5.0	31.4
イギリス	25.1	0.2	46.9	13.0	14.8
イタリア	22.9	8.4	12.3	31.6	24.8
アメリカ合衆国	17.3	0.3	26.8	33.9	21.7
カ ナ ダ	4.3	2.2	38.7	54.8	
ブラジル	6.6	1.0	20.6	59.0	12.8

〔FAOSTAT〕

④遊牧で飼育される家畜の分布

▲遊牧とは，水と草を求めて家畜とともに移動する粗放的な牧畜で，農耕が困難な乾燥地域，寒冷地域，山岳部などでみられる。中央アジアから北アフリカの砂漠やステップでは，羊・ヤギ・ラクダ・馬，北極海沿岸のツンドラが広がる地域ではトナカイ，チベット高原ではヤクの遊牧が行われてきた。

⑤農民1人あたりの耕地 （2017年）

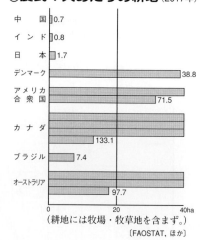

中 国	0.7
イ ン ド	0.8
日 本	1.7
デンマーク	38.8
アメリカ合衆国	71.5
カ ナ ダ	133.1
ブラジル	7.4
オーストラリア	97.7

（耕地には牧場・牧草地を含まず。）
〔FAOSTAT，ほか〕

⑥各国国民の食品群別カロリー供給構成（2013年）

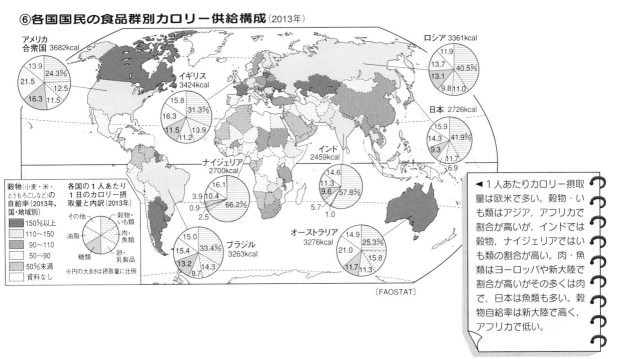

〔FAOSTAT〕

◀1人あたりカロリー摂取量は欧米で多い。穀物・いも類はアジア、アフリカで割合が高いが、インドでは穀物、ナイジェリアではいも類の割合が高い。肉・魚類はヨーロッパや新大陸で割合が高いがその多くは肉で、日本は魚類も多い。穀物自給率は新大陸で高く、アフリカで低い。

⑦食料生産と人口の地域別推移 （2004〜2006年を100とする）

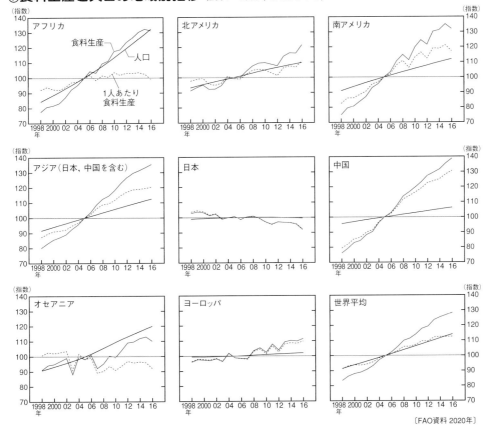

〔FAO資料 2020年〕

▲アフリカでは人口の増加が食料の増産をやや上回り、1人あたり食料生産は停滞していたが、近年は食料の増産が進み、改善しつつある。中国では生産責任制の導入で、東南アジア、南アジアでは緑の革命により食料の増産が著しい。オセアニア、北アメリカでは異常気象などの影響を受けやすく食料生産の変動が目立つ。ヨーロッパでは食料生産は安定しているが、日本では農業就業者の減少、輸入の拡大により食料生産は低下している。

①おもな国の原木の生産 (2018年)

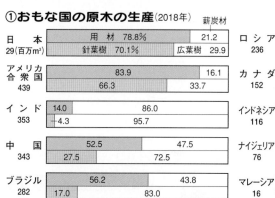
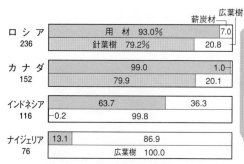

国	用材 / 薪炭材	針葉樹 / 広葉樹
日本 29(百万m³)	用材 78.8% / 薪炭材 21.2	針葉樹 70.1% / 広葉樹 29.9
アメリカ合衆国 439	83.9 / 16.1	66.3 / 33.7
インド 353	14.0 / 86.0	4.3 / 95.7
中国 343	52.5 / 47.5	27.5 / 72.5
ブラジル 282	56.2 / 43.8	17.0 / 83.0
ロシア 236	用材 93.0% / 薪炭材 7.0	針葉樹 79.2% / 広葉樹 20.8
カナダ 152	99.0 / 1.0	79.9 / 20.1
インドネシア 116	63.7 / 36.3	0.2 / 99.8
ナイジェリア 76	13.1 / 86.9	広葉樹 100.0
マレーシア 16	84.9 / 15.1	0.1 / 99.9

〔FAOSTAT〕

◀ 発展途上国では薪炭材，先進国では用材の割合が高く，寒冷な気候になるほど針葉樹の割合が高い。
　原木(用材＋薪炭材)の生産量はおおむね森林面積の広い国で多い。

②原木の生産と用材の移動

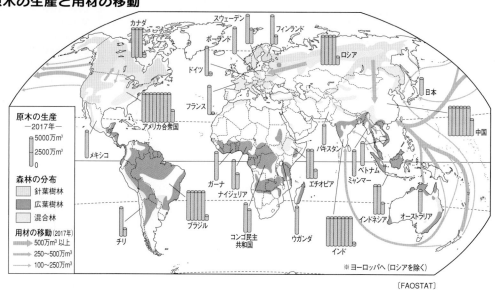

原木の生産
―2017年―
5000万m³
2500万m³
0

森林の分布
針葉樹林
広葉樹林
混合林

用材の移動 (2017年)
500万m³ 以上
250〜500万m³
100〜250万m³

※ヨーロッパへ(ロシアを除く)

〔FAOSTAT〕

③日本の木材の輸入先の推移

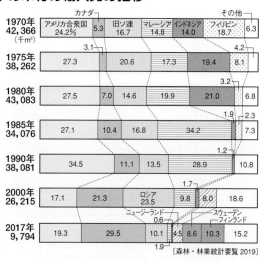

年	アメリカ合衆国	カナダ	旧ソ連/ロシア	マレーシア	インドネシア	フィリピン	その他
1970年 42,366 (千m³)	24.2%	5.3	16.7	14.8	14.0	18.7	6.3
1975年 38,262	27.3	3.1	20.6	17.3	19.4		8.1
1980年 43,083	27.5	7.0	14.6	19.9	21.0	3.2	6.8
1985年 34,076	27.1	10.4	16.8	34.2		1.9	2.3 / 7.3
1990年 38,081	34.5	11.1	13.5	28.9		1.2	10.8
2000年 26,215	17.1	21.3	23.5	9.8	8.0	1.7	18.6
2017年 9,794	19.3	29.5	10.1	4.5	8.6	10.3	15.2

ニュージーランド 0.6　スウェーデン　フィンランド　1.9

〔森林・林業統計要覧 2019〕

◀ 木材には，原木の他に製材・加工用材なども含む。東南アジアからの木材の輸入割合は全体として低下している。これは各国が環境問題への配慮や国内産業の育成のために丸太の輸出を規制しているためであり，近年は丸太のままではなく製材の輸入が多くなり，輸入先もカナダや北欧の割合が高くなっている。

④おもな国の漁獲量の推移

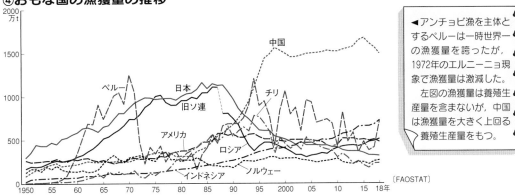

▶アンチョビ漁を主体とするペルーは一時世界一の漁獲量を誇ったが，1972年のエルニーニョ現象で漁獲量は激減した。
左図の漁獲量は養殖生産量を含まないが，中国は漁獲量を大きく上回る養殖生産量をもつ。

〔FAOSTAT〕

⑤日本の漁業形態の変化

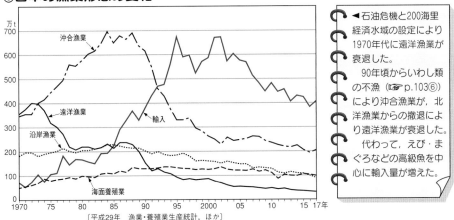

▶石油危機と200海里経済水域の設定により1970年代に遠洋漁業が衰退した。
90年頃からいわし類の不漁（☞p.103⑥）により沖合漁業が，北洋漁業からの撤退により遠洋漁業が衰退した。
代わって，えび・まぐろなどの高級魚を中心に輸入量が増えた。

〔平成29年　漁業・養殖業生産統計，ほか〕

⑥魚種別の漁獲量の推移

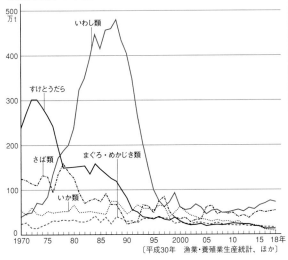

〔平成30年　漁業・養殖業生産統計，ほか〕

⑦おもな漁港の水揚量と魚種別割合

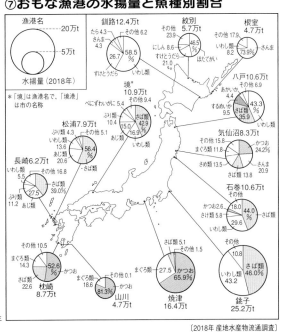

〔2018年 産地水産物流通調査〕

①世界の水域別漁獲量

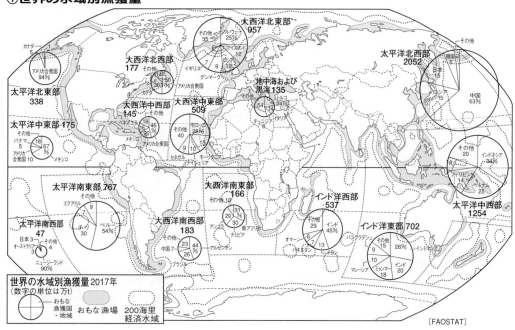

世界の水域別漁獲量 2017年
（数字の単位は万t）

おもな漁獲量・地域　おもな漁場　200海里経済水域

〔FAOSTAT〕

②世界の主要漁場

北西太平洋漁場

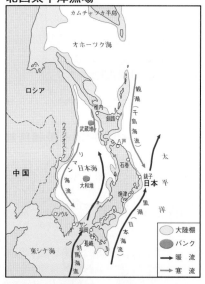

北東大西洋漁場

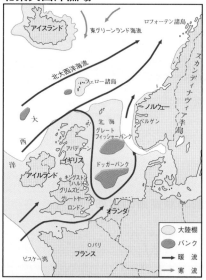

北東太平洋漁場

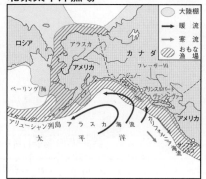

北西大西洋漁場

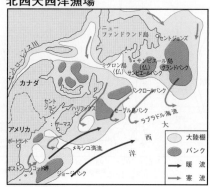

① 各国のエネルギー消費量と1人あたり消費量 （2015年、石油換算）

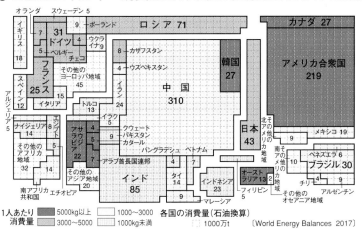

◀1人あたりエネルギー消費量は先進国（特にアメリカ合衆国・カナダ）と産油国で多く，途上国で少ない。

▼エネルギー消費の構成をみると，多くの国で石油中心であるが，産炭国（特に途上国・旧社会主義国）では石炭の，先進国の産ガス国では天然ガスの，水力もしくは原子力発電の比率が高い国（☞ p.106③）ではそれらの比率が，それぞれ高くなっている。

1人あたり消費量　5000kg以上／3000〜5000／1000〜3000／1000kg未満
各国の消費量(石油換算)　1000万t
〔World Energy Balances 2017〕

② 各国のエネルギー消費量の構成と自給率

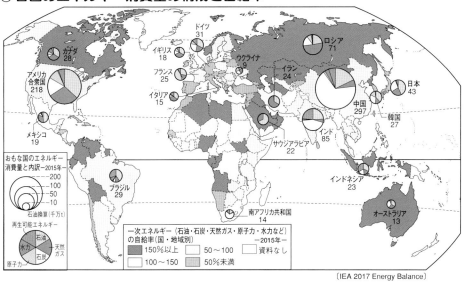

〔IEA 2017 Energy Balance〕

③ 世界のエネルギーの消費量の推移

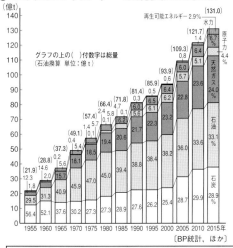

〔BP統計、ほか〕

④ 原油生産と価格の推移

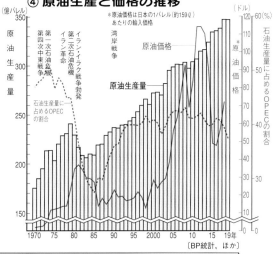

〔BP統計、ほか〕

▲1960年代のエネルギー革命により，エネルギー消費の主役は石炭から石油に代わった。70年代の石油危機で原油価格が高騰した後は，省エネルギーや代替エネルギー開発が進み，石油のエネルギー消費に占める割合は低下。80年代中頃から原油価格は低迷したが，2000年以降中国などで需要が大幅に伸びたため，急激に上昇した。再生可能エネルギーは地熱，風力，太陽光，太陽熱，潮力，バイオマスなどをさす。

① 世界のおもな炭田と石炭の移動

おもな炭田　■
石炭の移動　－2013年－
1000～5000　5000～8000　8000以上(万t)

※1 EUへ

※2 南部アフリカ関税同盟加盟5か国（南アフリカ共和国・レソト
スワジランド・ナミビア・ボツワナ）全体からの輸出。

〔Energy Statistics Yearbook 2013〕

▲良質の石炭産地は古期造山帯に多い。

② 世界のおもな油田・天然ガス田と原油の移動

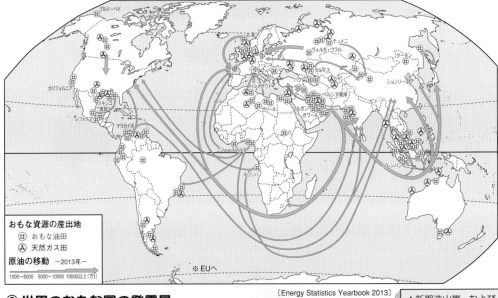

おもな資源の産出地
⊕　おもな油田
Ⓐ　天然ガス田

原油の移動　－2013年－
1000～5000　5000～10000　10000以上(万t)

※ EUへ

〔Energy Statistics Yearbook 2013〕

▲新期造山帯，および
その周辺に原油・天然
ガスの産地が多い。

③ 世界のおもな国の発電量

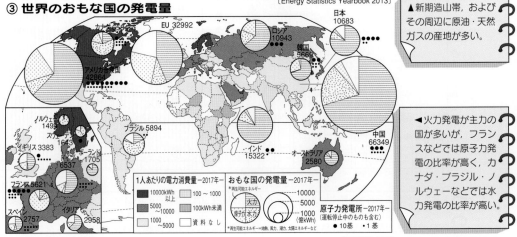

1人あたりの電力消費量－2017年－
■ 10000kWh
　　以上
■ 5000
　　～10000
□ 1000
　　～5000
□ 100～1000
□ 100kWh未満
□ 資料なし

おもな国の発電量－2017年－
火力
原子力　水力
※再生可能エネルギー：地熱、風力、潮力、太陽エネルギーなど
　　　　　　　　　　　　　10000
　　　　　　　　　　　　　5000
　　　　　　　　　　　　　1000
　　　　　　　　　　　　（億kWh）

原子力発電所－2017年－
(運転停止中のものも含む)
● 10基　・1基

〔IEA資料、ほか〕

◀火力発電が主力の
国が多いが，フラン
スなどでは原子力発
電の比率が高く，カ
ナダ・ブラジル・ノ
ルウェーなどでは水
力発電の比率が高い。

④世界のおもな鉄鉱石と銅の産地と鉄鉱石の移動

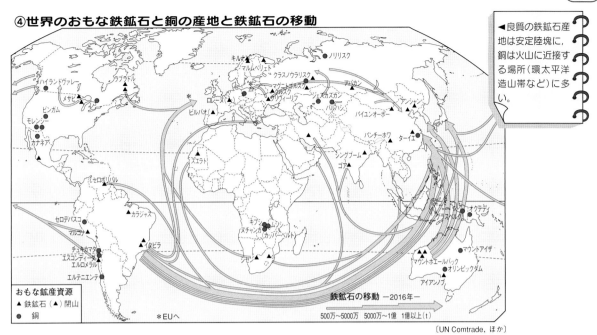

◀良質の鉄鉱石産地は安定陸塊に，銅は火山に近接する場所（環太平洋造山帯など）に多い。

おもな鉱産資源
▲ 鉄鉱石（△）閉山
● 銅

鉄鉱石の移動 ―2016年―

500万～5000万　5000万～1億　1億以上（t）

〔UN Comtrade，ほか〕

⑤おもな国の粗鋼生産の推移

〔World Steel Association 資料，ほか〕

⑥世界のアルミニウム生産の推移

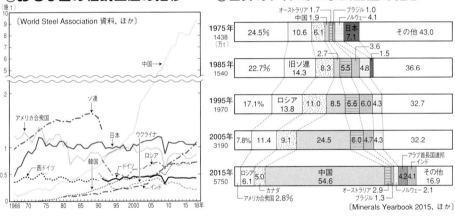

	オーストラリア 1.7	中国 1.9		ブラジル 1.0	ノルウェー 4.1	
1975年 1438 (万t)	24.5%	10.6	6.1	日本 7.1		その他 43.0
1985年 1540	22.7%	旧ソ連 14.3	8.3	2.7 — 5.5	4.8 — 3.6 — 1.5	36.6
1995年 1970	17.1%	ロシア 13.8	11.0	8.5	6.6 6.0 4.3	32.7
2005年 3190	7.8%	11.4	9.1	24.5	6.0 4.7 4.3	32.2
2015年 5750	ロシア 6.1	5.0	中国 54.6	オーストラリア 2.9 ブラジル 1.3	アラブ首長国連邦 4.2 インド 4.1 ノルウェー 2.1	その他 16.9

カナダ
アメリカ合衆国 2.8%

〔Minerals Yearbook 2015，ほか〕

◀鉄鋼（粗鋼）の生産の伸びは中国で著しい。
　アルミニウムの生産は水力発電のさかんな国で多い傾向がある。日本では石油危機後の電力費高騰によりアルミニウムの生産は激減し，2014年に国内生産は廃止された。

⑦世界のおもな非鉄金属鉱山

◀ボーキサイトはサバナ気候下に，金は安定陸塊に多い。すずは中国南部～東南アジアと南米に偏在する。
　レアメタルとは，埋蔵量が少ない金属や，技術面・費用面から抽出が難しい金属のこと。分布が偏っている金属が多いため，産出国の輸出規制などの影響が大きい。

おもな鉱産資源
▽ ボーキサイト
● 鉛・亜鉛
□ す　ず
◆ 金
■ 銀
◇ ダイヤモンド
● レアメタル
（白金・マンガン・コバルトなど）

①主要国の産業革命期と工業化のあゆみ

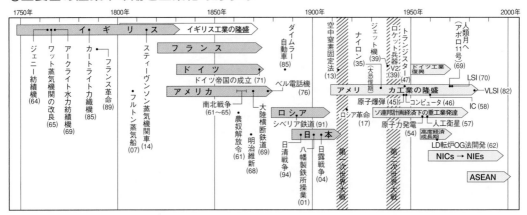

②鉄鋼業の立地

原料単位（t）	1901	1930	1960	1970	1998	理　由
（製品1tあ）石炭	4.0	1.5	1.0	0.8	0.4	熱効率の向上
（たり使用量）鉄鉱石	2.0	1.6	1.6	1.6	1.6	高品位鉱石の使用

立地の変化
石炭産地に立地 → 鉄鉱石産地にも立地 → 先進国——輸入原料への依存による臨海・消費地立地／発展途上国——資源立地

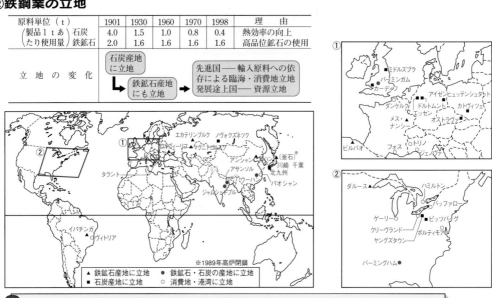

▲これまでの鉄鋼は，使用する原料が重いため原料産地に立地していたが，近年は上表のように原料使用量の低下，国内原料の枯渇と高コスト，輸入原料への依存などで消費地に近い臨海部に移った。

③自動車生産の推移と割合

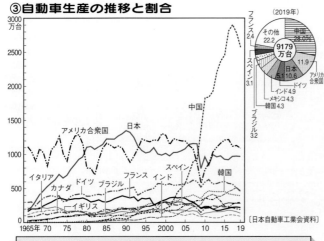

〔日本自動車工業会資料〕

④日本の自動車メーカーのアメリカ合衆国での生産拠点

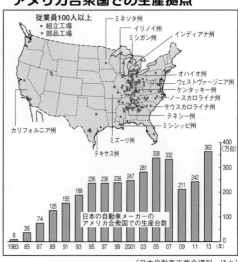

〔日本自動車工業会資料，ほか〕

▲1985年以降，円高と貿易摩擦のため，日本メーカーがアメリカで現地生産を行うようになり，日本の生産は減少しアメリカの生産が増加した。近年は経済成長に伴う国内市場の拡大により，中国が大幅に生産を拡大している。

⑤綿糸生産量の推移と割合

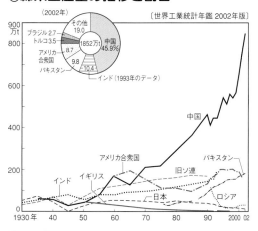

（2002年）
〔世界工業統計年鑑 2002年版〕

その他 19.0
ブラジル 2.7
トルコ 3.5
アメリカ合衆国 8.7
パキスタン 9.8
インド（1993年のデータ）10.4
中国 1852万t 45.9%

▲ 近年は，綿花生産国でかつ低賃金労働力が豊富な途上国に生産が移っている。

⑥化学繊維の生産量の推移と割合

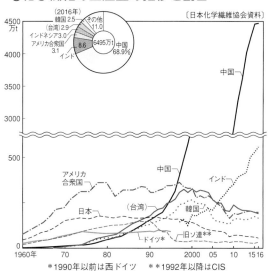

（2016年）
〔日本化学繊維協会資料〕

韓国 2.5
（台湾）2.9
その他 11.0
インドネシア 3.0
アメリカ合衆国 3.1
インド 8.6
中国 6495万t 68.9%

＊1990年以前は西ドイツ　＊＊1992年以降はCIS

⑦おもな国の賃金水準（製造業，2017年）

ドイツ	178.0
アメリカ合衆国	133.0
日本	100
韓国	94.2
シンガポール	83.3
スペイン	82.5（2016年）
（ホンコン）	55.6（2016年）
（台湾）	47.8
チェコ	36.7（2016年）
中国	16.1
タイ	10.9
フィリピン	4.4
インド	3.4（2011年）

※日本を100とした場合の賃金水準（国により賃金の定義が異なり，単純な比較はできない）

〔データブック国際労働比較2019，ほか〕

⑧ASEAN諸国の1人あたりGNIの変化

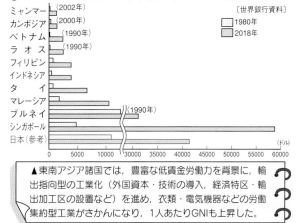

1980年
2018年

〔世界銀行資料〕

ミャンマー（2002年）
カンボジア（2000年）
ベトナム（1990年）
ラオス（1990年）
フィリピン
インドネシア
タイ
マレーシア
ブルネイ（1990年）
シンガポール
日本（参考）

▲ 東南アジア諸国では，豊富な低賃金労働力を背景に，輸出指向型の工業化（外国資本・技術の導入，経済特区・輸出加工区の設置など）を進め，衣類・電気機器などの労働集約型工業がさかんになり，1人あたりGNIも上昇した。

⑨アジア諸国の世界生産におけるシェア 〔電子情報技術産業協会資料，ほか〕

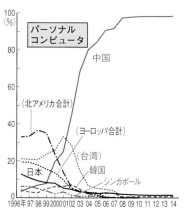

パーソナルコンピュータ

中国
（北アメリカ合計）
（ヨーロッパ合計）
（台湾）
韓国
日本
シンガポール

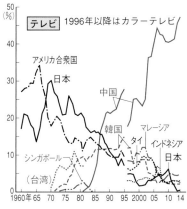

テレビ 1996年以降はカラーテレビ

アメリカ合衆国
日本
中国
韓国
タイ
マレーシア
インドネシア
シンガポール
（台湾）
日本

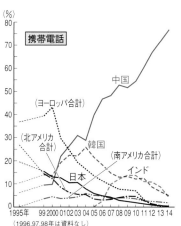

携帯電話

中国
（ヨーロッパ合計）
（北アメリカ合計）
（南アメリカ合計）
韓国
インド
日本

（1996,97,98は資料なし）

①人口転換のモデル

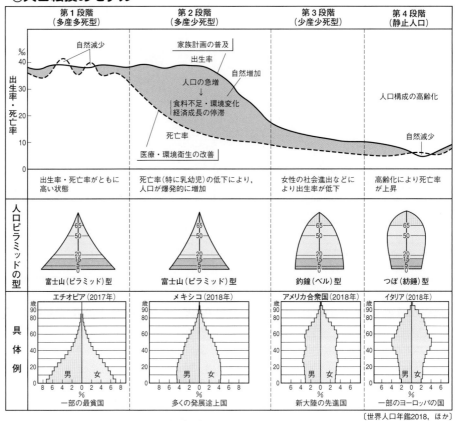

〔世界人口年鑑2018，ほか〕

②日本の都市と地方の人口構成（2019年）

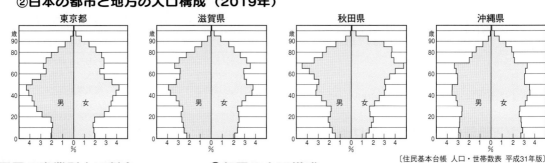

〔住民基本台帳 人口・世帯数表 平成31年版〕

③主要国の産業別人口割合

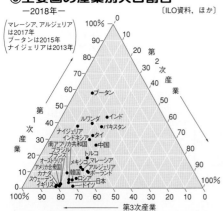

▲頂点に近いのは第1次産業人口が多い発展途上国，底辺の左端に近いのは第3次産業人口が多い先進国である。

④各国の人口構成

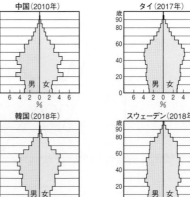
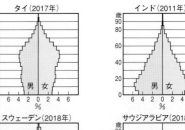
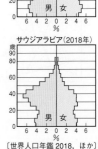

〔世界人口年鑑2018，ほか〕

▲中国の一人っ子政策や韓国の経済成長に伴う出生率の低下が反映されている。スウェーデンは高齢化がすすむが，少子化対策から年少人口割合がやや増加した。中東の産油国では建設業に従事する外国人労働者が多い。

⑤主要国の出生率・死亡率
国によって2010年～2018年のデータ

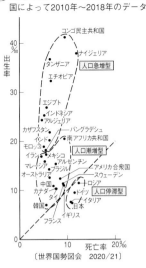

�◀経済発展とともに出生率は低下するが，一旦低下した死亡率は，高齢化とともに上昇する。

〔世界国勢図会 2020/21〕

⑥自然増加率と1人あたりの国民総所得（GNI）
－おもに2015年－

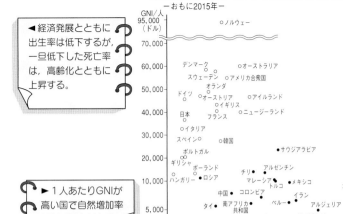

○ 先進資本主義国
● その他

※縦軸の0～10,000ドル間の目盛り幅は，10,000ドル以上の目盛り幅の2.5倍になっています。

▶1人あたりGNIが高い国で自然増加率が低い傾向がある。

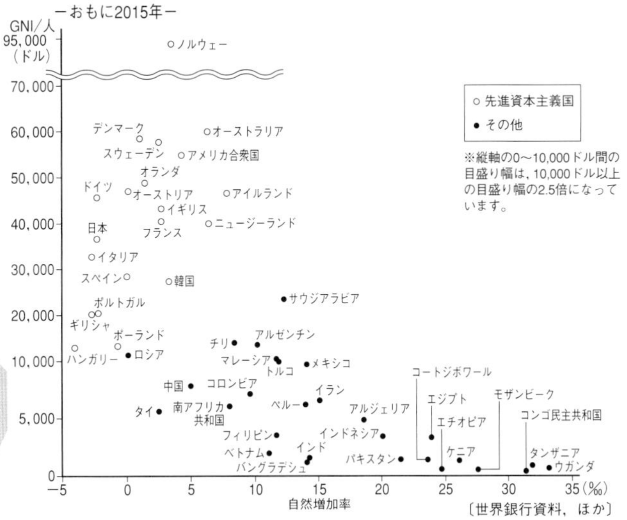

〔世界銀行資料，ほか〕

⑦各国の老年人口比率の変化

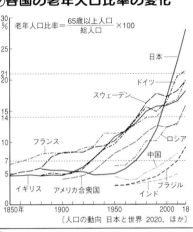

$$老年人口比率＝\frac{65歳以上人口}{総人口}×100$$

〔人口の動向 日本と世界 2020，ほか〕

⑧各国の合計特殊出生率*の変化

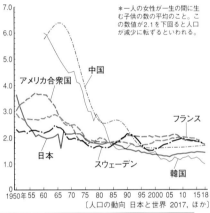

＊一人の女性が一生の間に生む子供の数の平均のこと。この数値が2.1を下回ると人口が減少に転ずるといわれる。

〔人口の動向 日本と世界 2017，ほか〕

⑨女性の年齢別労働力人口比率

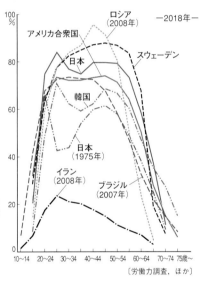

－2018年－

〔労働力調査，ほか〕

▲老年人口比率が7％に達すると高齢化社会（aging society）14％に達すると高齢社会（aged society），21％に達すると超高齢社会（super-aged society）とよばれる。日本の高齢化は欧米よりも遅れて始まったが，そのスピードは欧米に比べ非常に早く，老年人口比率は世界一となった。

▲日本や韓国は結婚・育児期における離職からM字型を示す。イランなどのイスラーム圏は女性の就業率が低い。

⑩合計特殊出生率と主要国の男女別非識字率

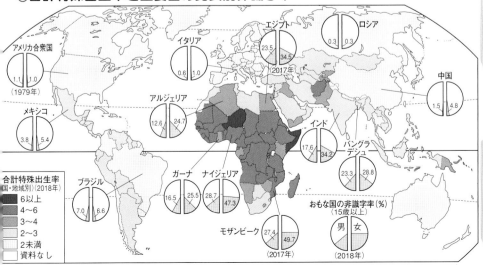

合計特殊出生率
国・地域別（2018年）
■ 6以上
■ 4～6
■ 3～4
■ 2～3
□ 2未満
□ 資料なし

おもな国の非識字率（%）（15歳以上）
男 女
（2018年）

◀非識字率の高い国ほど出産数が多く，家族計画の普及の遅れが読み取れる。
教育の機会が不平等なため，女性の非識字率の方が高い国が多い。

〔World Development Indicators，ほか〕

① 世界の人口密度と地域別人口の推移

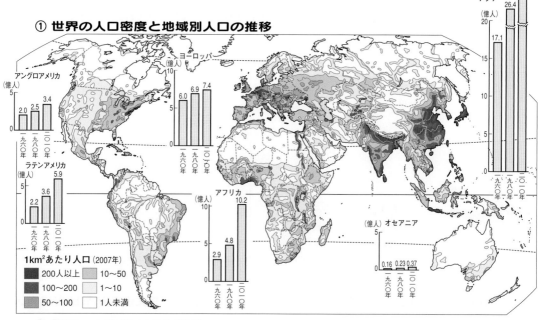

1km²あたり人口 (2007年)
- 200人以上
- 100～200
- 50～100
- 10～50
- 1～10
- 1人未満

② 世界の大陸別人口の推移

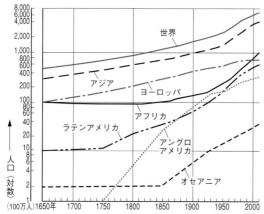

◀▲ 産業革命時は人口支持力の増加によりヨーロッパで人口増加率が高く，移民の多かったアメリカ大陸でも人口が増加した。一方アフリカは植民地支配と奴隷貿易により人口は停滞～減少した。

最近は発展途上国での人口増加（特に都市における）が著しい。

人口密度が高いのは商工業のさかんなヨーロッパ，北アメリカ北東部，それに米作のさかんなモンスーンアジアの沖積平野である。

③ 世界の都市人口と農村人口の推移

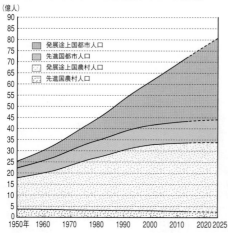

- 発展途上国都市人口
- 先進国都市人口
- 発展途上国農村人口
- 先進国農村人口

④ 世界の地域別都市人口率 (☞ P.117⑤)

地域	1950年		1985年		2025年(推計)	
	全人口(億人)	都市人口率(%)	全人口(億人)	都市人口率(%)	全人口(億人)	都市人口率(%)
アジア	13.9	18	29.0	30	47.4	54
アフリカ	2.2	14	5.4	29	14.6	45
中南米	1.6	41	4.0	68	6.9	82
北米	1.7	64	2.6	75	3.8	83
ヨーロッパ※	3.6	57	4.3	72	4.5	83
旧ソ連	1.8	40	2.7	64	2.8	65
オセアニア	0.1	62	0.2	71	0.4	71
〔世界計〕	25.2	30	48.6	41	80.8	58
先進地域	8.1	55	11.1	71	12.8	80
発展途上地域	17.1	18	37.4	32	67.9	54

※ヨーロッパの数値には旧ソ連（バルト3国を含む15共和国）の数値を含まない

◀▲ 都市人口率は，早くに都市化した先進国で高く発展途上国で低い。白人比率の高い新大陸諸国も高い。近年は発展途上国，特に中進国で急上昇中。

先進国では工業化に伴い必要な労働力を農村から吸収したため都市化が進んだが，現在の発展途上国では，工業化を伴わずとも，人口急増が生み出す大量の余剰人口が農村から押し出され都市に流入するため，深刻な都市問題が生じている。

⑤16世紀以降の人口移動

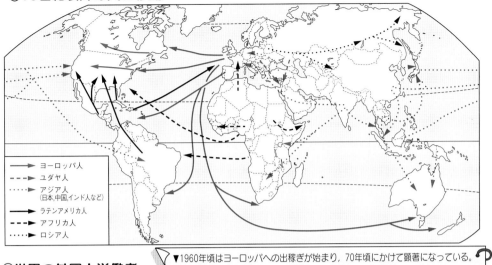

凡例：
- → ヨーロッパ人
- --→ ユダヤ人
- ···→ アジア人（日本,中国,インド人など）
- → ラテンアメリカ人
- --→ アフリカ人
- ···→ ロシア人

▼1960年頃はヨーロッパへの出稼ぎが始まり，70年頃にかけて顕著になっている。

⑥世界の外国人労働者

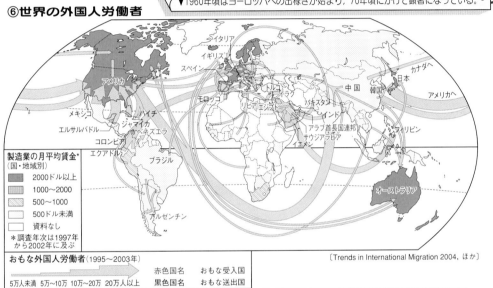

製造業の月平均賃金*（国・地域別）
- 2000ドル以上
- 1000～2000
- 500～1000
- 500ドル未満
- 資料なし

*調査年次は1997年から2002年に及ぶ

おもな外国人労働者（1995～2003年）
5万人未満 5万～10万 10万～20万 20万人以上
赤色国名 おもな受入国
黒色国名 おもな送出国

〔Trends in International Migration 2004, ほか〕

▲現代では多くの人々が，豊富な就業機会やよりよい所得を求め，国境を越えて移動している。とくに西ヨーロッパ，アメリカ，中東産油国などには，主として周辺の国々から多くの労働者が流入している。

⑦世界の紛争地域と難民

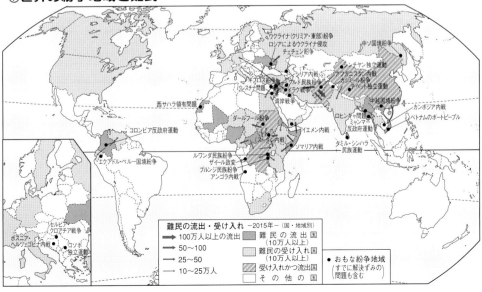

難民の流出・受け入れ －2015年－（国・地域別）
- ⇒ 100万人以上の流出
- 50～100
- 25～50
- 10～25万人
- 難民の流出国（10万人以上）
- 難民の受け入れ国（10万人以上）
- 受け入れかつ流出国
- その他の国
- ● おもな紛争地域（すでに解決ずみの問題も含む）

① 都市の形態

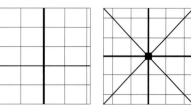

| 直交路型 | 放射直交路型 | 放射環状路型 | 迷路型 |

◀直交路型の街路網は，世界で最も一般的な形態である。中国の古代都市や日本の条里集落（☞p.178①）などがその代表例である。放射直交路型は，都心から放射状に道路が伸びているもので，ワシントンD.C.など計画都市に多く見られる。モスクワやパリなどは，一つの核から周囲に道路が伸びる放射環状路型である。西アジアや北アフリカなどの歴史の古い都市には計画的に袋小路を設けた迷路型の街路網が見られる。

② 特徴ある世界の都市景観

郊外 ◀━━━━━━━━━━━━━━━━━━━━━━━━▶ 中心部

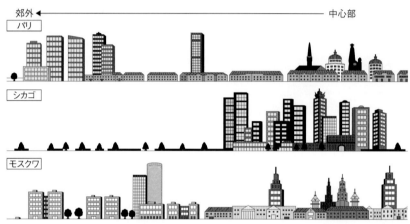

パリ／シカゴ／モスクワ

〔La Logique des Villes, ほか〕

◀都市の景観には，その都市の歴史や成り立ちが反映されており，それによって高層ビルが集中する地域の分布も異なる。
　パリは，歴史的建造物の保全が行われている中心部は中・低層の建物が多く，周辺部に高層ビルが集中している。
　シカゴは中心部の中心業務地区に高層ビルが並び，郊外には一戸建ての住宅地域が広がる。
　モスクワは，中心部は城壁で囲まれた政府機関を核とした，中・低層の建物が多い。郊外に向かうにつれて，住宅団地が高層化している。

③ 城下町

〈高田城（新潟県上越市）〉　　〈5万分の1地形図「高田西部」「高田東部」〉

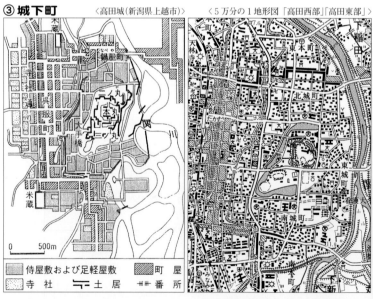

| 侍屋敷および足軽屋敷 | 町屋 |
| 寺社 | 土居 | 番所 |

0　500m

④ 囲郭都市
—ストラスブール—（フランス）

市街地		城壁			宅地
1200年		—— 1681年			耕地
1390年		⋀⋀ 1682年			牧草地
1681年					

Orangerie
Citadelle（内城）

0　1:75 000　1km

〔Westermann's Atlas〕

⑤ 囲郭都市
—ネルトリンゲン—（ドイツ）

日本の城下町は，城郭だけが堀で囲まれ，町はその外側に広がっているものが多い。上越市の高田城の城下町もその一例である。それに対して，ヨーロッパや中国などの古代・中世都市には，町全体が城壁などで囲まれる囲郭都市になっているものが多く見られる。

⑥関東地方の谷口集落の分布

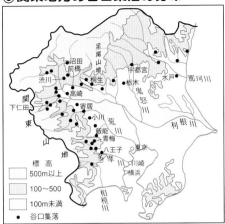

▲河川が山地から平地にでる谷口に発達した市場町である。

⑦滝線都市（アメリカ合衆国）

▲ピードモント台地の南東端における河川急流部に発達した都市群で，水力を利用し綿工業がさかん。

⑧環濠集落 〈1万分の1地形図「大和郡山」〉

⑨円村（ドイツ，ベルリン付近）

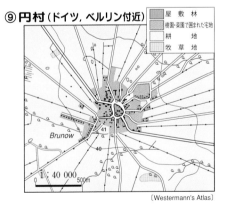

屋敷林
樹園・菜園で囲まれた宅地
耕地
牧草地

1:40 000
〔Westermann's Atlas〕

⑩ハンザ同盟都市

・ハンザ同盟都市
—北方ハンザ貿易路
—おもな陸上交通路

▲中世西ヨーロッパと東・北ヨーロッパを結ぶ貿易を背景に成長。北ドイツのリューベクを盟主とし，ハンブルク・ブレーメン・ケルンほか，北海・バルト海沿岸の100あまりの都市で構成。
　共通の貨幣や軍隊を備えていた。13〜14世紀ごろ成立し，17世紀後半に解体した。

⑪放射直交路型都市の例（ワシントンD.C.，アメリカ合衆国）

業務商業地　公園・緑地
公共施設　住宅地・その他

1:50 000

⑫迷路型都市の例（フェス，モロッコ）

市街地　細い路地　城壁
公園・緑地　その他

① いろいろな都市構造

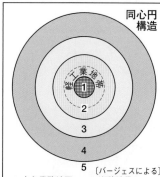
同心円構造

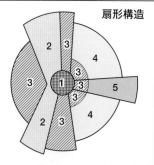
扇形構造

多核構造

〔バージェスによる〕
1. 中心業務地区 　2. 漸移地帯
3. 一般住宅地区 　4. 高級住宅地区
5. 郊外地区

〔ホイトによる〕
1. 中心業務地区
2. 卸売・軽工業地区
3. 低級住宅地区（スラムなど）
4. 一般住宅地区 　5. 高級住宅地区

副都心
〔ハリス＆ウルマンによる〕
1. 中心業務地区 　2. 卸売・軽工業地区
3. 低級住宅地区（スラムなど）
4. 一般住宅地区 　5. 高級住宅地区
6. 重工業地区 　7. 周辺業務地区
8. 新しい住宅地区（住宅団地など）
9. 新しい工業地区（工業団地など）

中心業務地区を中心に、そのまわりに同心円状に、卸売業や軽工業・スラムなどからなる漸移地帯、つぎに一般住宅地区、さらに高級住宅地区、一番外側に郊外地区が並んでいる。	鉄道などの交通路線が存在すると、中心業務地区から、交通路線に沿って卸売・軽工業地区が帯状にのび、それに隣接して、低級・一般住宅地区も帯状に発達している。	都市は、一つの核心にもとづいて形成されず、いくつかの核心の周辺に形成されている。核心の性格も中心業務地区とは限らず、工場や住宅も核となっている。

② 都市地域の内部分化

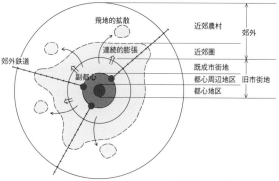

飛地的拡散　近郊農村　郊外
連続的膨張　近郊圏
郊外鉄道　既成市街地
副都心　都心周辺地区　旧市街地
都心地区

◀ 交通や情報の面で有利な都心部は地代（地価）が高いため、それに耐えられる収益性の高い機能が立地する。一方外側に行くほど地代は低下するので、交通施設や工場・住宅など収益性の低い機能が立地する。このように都市地域の内部は主として経済的な要因により分化する。

③ 首都圏の昼夜間人口の差

▶ 都心部では昼間人口が夜間（常住）人口に比べて極端に多くなる。これは通勤のため郊外から都心部へ向かって大量の人口移動が生じていることによる。

町田市 91.7
東村山市 80.0
所沢市 86.1
84.2
佐倉市 83.1
船橋市
茅ヶ崎市 79.2
94.9
鎌倉市 97.0
1460.6
431.1

昼間人口　夜間人口
万人
20
10
0
数字は夜間人口100人あたりの昼間人口
（2015年）
〔平成27年国勢調査報告〕

世田谷区　中央区　千代田区

④ 日本の都市システム

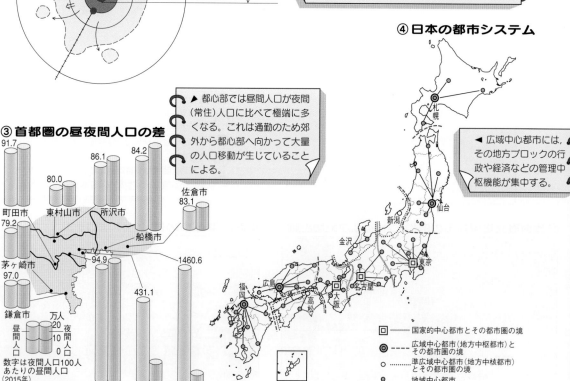

札幌
仙台
新潟
金沢
東京
広島
名古屋
大阪
福岡
高松

◀ 広域中心都市には、その地方ブロックの行政や経済などの管理中枢機能が集中する。

□ ── 国家的中心都市とその都市圏の境
◎ ---- 広域中心都市（地方中枢都市）とその都市圏の境
○ .... 準広域中心都市（地方中核都市）とその都市圏の境
● 地域中心都市

〔日本の都市システム、ほか〕

⑤世界の都市の分布と都市人口率（☞P.112④）

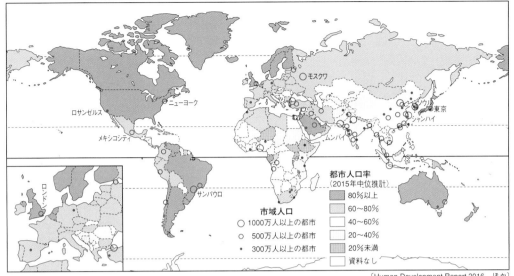

都市人口率
（2015年中位推計）
- 80%以上
- 60～80%
- 40～60%
- 20～40%
- 20%未満
- 資料なし

市域人口
- ○ 1000万人以上の都市
- ○ 500万人以上の都市
- ・ 300万人以上の都市

〔Human Development Report 2016，ほか〕

⑥世界の大都市圏の人口推移

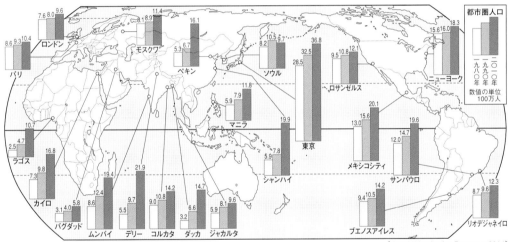

都市圏人口
数値の単位
100万人
一九八〇年／一九九〇年／二〇一〇年

〔World Urbanization Prospects 2014〕

⑦最寄り品と買いまわり品の小売商圏

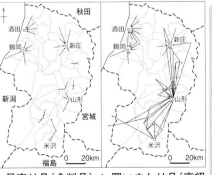

a.最寄り品（食料品）
の購入先

b.買いまわり品（高級
家具）の購入先

※1981年当時の山形県の例
〔国土庁資料，ほか〕

◀食料品や肌着，薬品，雑誌などふだんひんぱんに購入する必需品は「最寄り品」とよばれ，近隣商店街やスーパー，コンビニなどで購入する。これに対して，高級衣服，家具，貴金属などは，比較的大きな都市のデパートや専門店まで出かけて，商品の品質や価格，スタイルなどを比較しながら購入することから「買いまわり品」とよばれ，一般に最寄り品に比べ小売商圏が広い。近年は，モータリゼーションの発達により，最寄り品も買いまわり品もロードサイドの大規模ショッピングセンターで購入する例も多い。

⑧世界の10大都市圏の推移

順位	1950年	（百万人）	1995年	（百万人）	2030年	（推計，百万人）
1	ニューヨーク	12.3	東　　京	33.5	東　　京	37.1
2	東　　京	11.2	大　　阪	18.9	デ　リ　ー	36.0
3	ロンドン	8.3	メキシコシティ	17.0	シャンハイ	30.7
4	大　　阪	7.0	ニューヨーク	16.9	ムンバイ（ボンベイ）	27.7
5	パ　　リ	6.2	サンパウロ	15.9	ペ　キ　ン	27.7
6	モスクワ	5.3	ムンバイ（ボンベイ）	14.3	ダ　ッ　カ	27.3
7	ブエノスアイレス	5.0	デ　リ　ー	12.4	カ　ラ　チ	24.8
8	シ　カ　ゴ	4.9	カ　イ　ロ	11.9	カ　イ　ロ	24.5
9	コルカタ（カルカッタ）	4.5	コルカタ（カルカッタ）	11.9	ラ　ゴ　ス	24.2
10	シャンハイ	4.3	ブエノスアイレス	11.3	メキシコシティ	23.8

□ は発展途上国の都市。　〔World Urbanization Prospects 2014〕

① メキシコシティの市街

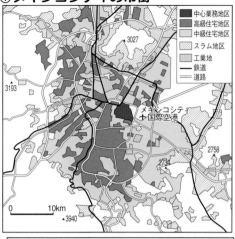

凡例：
- 中心業務地区
- 高級住宅地区
- 中級住宅地区
- スラム地区
- 工業地
- 鉄道
- 道路

メキシコシティ国際空港

3027
3193
2758
2734
3940

▲大都市に職を求めて流入した人口は，職につけず，都市縁辺部にスラムを形成する。

② ロンドンの都市問題と都市計画

凡例：
- シティ（ロンドン中心地区）
- 市街地
- 緑地帯（グリーンベルト）
- 1888～1965年の市界
- 大ロンドンの境界
- ニュータウン

スティーヴニジ
ヘメルヘムステッド
ウェリンガーデンシティ
ハーロー
ハットフィールド
バジルドン
ブラックネル
テムズ川
ドックランズ
クローリー

大阪との比較 50km			0	東京との比較 50km		
須磨ニュータウン	平城・相楽ニュータウン	千里ニュータウン	東京駅大阪駅	港北ニュータウン	多摩ニュータウン	成田ニュータウン

◀ロンドンでは第二次世界大戦後，都心の過密や環境悪化を緩和するため，郊外に職住近接のニュータウンが建設されたが，都心部の人口減少により港湾地区のドックランズの再開発が行われた。

▼▲パリでは郊外のラ・デファンス地区で再開発により副都心が建設される一方，都心部ではマレ地区など歴史的環境の保全地区が設けられ建物の修復が進められた。

③ パリのニュータウン

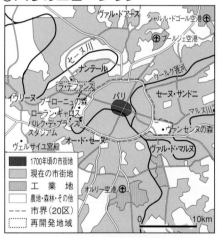

ヴァル・ドアズ
シャルル・ド・ゴール空港
ブールジェ空港
セーヌ川
サーク運河
ナンテール
ラ・デファンス
ブローニュの森
イヴリーヌ
ローラン・ギャロス
パルク・デ・プランス
スタジアム
ヴェルサイユ宮殿
パリ
セーヌ・サンドニ
マルヌ川
ヴァンセンヌの森
オー・ド・セーヌ
ヴァル・ド・マルヌ
オルリー空港

凡例：
- 1700年頃の市街地
- 現在の市街地
- 工業地
- 農地・森林・その他
- 市界（20区）
- 再開発地域

④ パリの都市問題と都市計画

凱旋門
サンラザール駅
東駅
シャンゼリゼ通り
オペラ座
ヴォージュ・サンドレ通り
コンコルド広場
ルーヴル美術館
シテ島
マレ地区
エッフェル塔
アンヴァリッド
ノートルダム寺院
バスティーユ広場
サンルイ島
ユネスコ本部
パリ大学法学部（ソルボンヌ）
リヨン駅
モンパルナスタワー
オステルリッツ駅
モンパルナス駅
モンパルナス

凡例：
- 再開発地域
- 保全地域
- 行政地域
- 学術地域
- 商業地域
- 鉄道・工業地域
- 公園・緑地
- 住宅地・その他
- 高速道路

⑤ ラ・デファンス（パリの副都心）

⑥ 順位別に見た都市人口

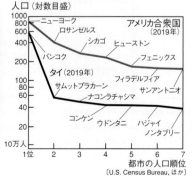

人口（対数目盛）

ニューヨーク
ロサンゼルス
アメリカ合衆国（2019年）
シカゴ
ヒューストン
バンコク
フェニックス
タイ（2019年）
サムットプラカーン
フィラデルフィア
ナコンラチャシマ
サンアントニオ
コンケン
ウドンタニ
ハジャイ
ノンタブリー

都市の人口順位
〔U.S. Census Bureau, ほか〕

⑦ 首位都市人口の割合

（総人口に占める割合。数字の単位は）

国	首位都市	割合
ペ ル ー	リマ	3
大韓民国	ソウル	19.4
イ ラ ク	バグダッド	18.6
イ ラ ン	テヘラン	10.9
エジプト	カイロ	10.8
日 本	東京	7.5
アルゼンチン	ブエノスアイレス	6.9
メ キ シ コ	メキシコシティ	6.7
イ ギ リ ス	ロンドン[※]	5.2
フ ラ ン ス	パリ	3.4
アメリカ合衆国	ニューヨーク	2.7
イ ン ド	ムンバイ	1.0
中 国	シャンハイ	1.0

※インナーロンドンの人口〔世界人口年鑑2018, ほか〕

① 世界のおもな地域開発

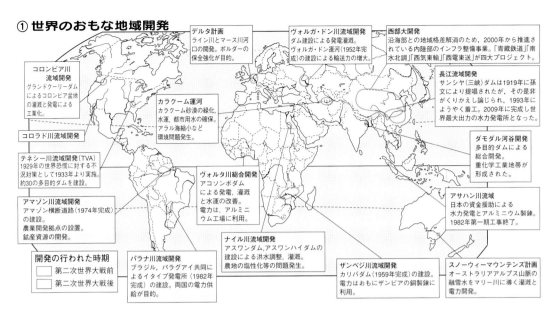

コロンビア川流域開発
グランドクーリーダムによるコロンビア盆地の灌漑と発電による工業化。

コロラド川流域開発

テネシー川流域開発（TVA）
1929年の世界恐慌に対する不況対策として1933年より実施。約30の多目的ダムを建設。

アマゾン川流域開発
アマゾン横断道路（1974年完成）の建設。農業開発拠点の設置。鉱産資源の開発。

デルタ計画
ライン川とマース川河口の開発。ポルダーの保全強化が目的。

カラクーム運河
カラクーム砂漠の緑化、水運、都市用水の確保。アラル海縮小など環境問題発生。

ヴォルガ・ドン川流域開発
ダム建設による発電灌漑。ヴォルガ・ドン運河（1952年完成）の建設による輸送力の増大。

西部大開発
沿海部との地域格差解消のため、2000年から推進されている内陸部のインフラ整備事業。「青蔵鉄道」「南水北調」「西気東輸」「西電東送」が四大プロジェクト。

長江流域開発
サンシヤ（三峡）ダムは1919年に孫文により提唱されたが、その是非がくりかえし論じられ、1993年にようやく着工。2009年に完成し世界最大出力の水力発電所となった。

ダモダル河谷開発
多目的ダムによる総合開発。重化学工業地帯が形成された。

ヴォルタ川総合開発
アコソンボダムによる発電、灌漑と水運の改善。電力は、アルミニウム工場に利用。

ナイル川流域開発
アスワンダム、アスワンハイダムの建設による洪水調整、灌漑。農地の塩性化等の問題発生。

ザンベジ川流域開発
カリバダム（1959年完成）の建設。電力はおもにザンビアの銅製錬に利用。

アサハン川流域
日本の資金援助による水力発電とアルミニウム製錬。1982年第一期工事終了。

スノーウィーマウンテンズ計画
オーストラリアアルプス山脈の融雪水をマリー川に導く灌漑と電力開発。

パラナ川流域開発
ブラジル、パラグアイ共同によるイタイプ発電所（1982年完成）の建設。両国の電力供給が目的。

開発の行われた時期
☐ 第二次世界大戦前
☐ 第二次世界大戦後

② 土壌の塩性化のしくみ

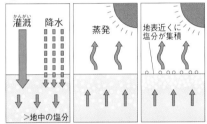

灌漑　降水　蒸発　地表近くに塩分が集積
>地中の塩分

▲乾燥・半乾燥地域で灌漑用水を流すと、地下へ浸透し、地中の塩分を溶かす。激しい蒸発により塩分は地表に集積し、土壌がアルカリ性となり、耕作の放棄につながっている。

③ アラル海の縮小

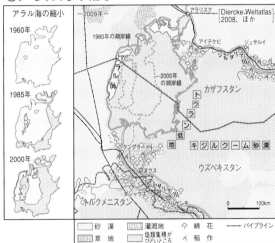

アラル海の縮小
1960年
1985年
2000年

Diercke-Weltatlas 2008、ほか

☐ 砂漠　▦ 灌漑地　◇ 綿花　── パイプライン
▦ 草地　▦ 塩類集積がひどいところ　⋏ 稲作

④ 世界の砂漠化・環境破壊

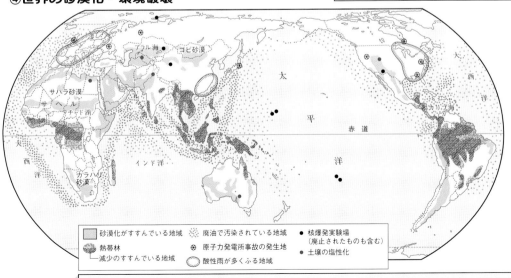

☐ 砂漠化がすすんでいる地域　∴ 廃油で汚染されている地域　● 核爆発実験場（廃止されたものも含む）
▦ 熱帯林　⊗ 原子力発電所事故の発生地　● 土壌の塩性化
── 減少のすすんでいる地域
◯ 酸性雨が多くふる地域

▲サヘル地方などでみられる砂漠化には、（1）異常気象の他に、（2）人口爆発に伴う過放牧・焼畑の拡大・薪炭材採取の増加や、（3）政治・経済が不安定で対策が後手に回るなどの理由がある。前述の土壌の塩性化も一因である。

①熱帯林の減少

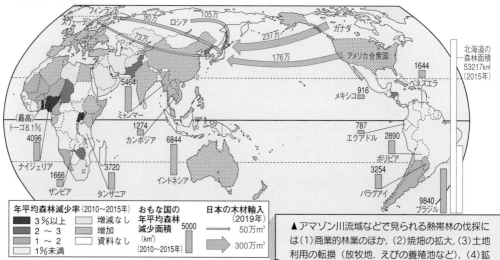

年平均森林減少率（2010〜2015年）
- 3％以上
- 2〜3
- 1〜2
- 1％未満
- 増減なし
- 増加
- 資料なし

おもな国の年平均森林減少面積（km²）（2010〜2015年）

日本の木材輸入（2019年）
- 50万m³
- 300万m³

〔財務省貿易統計，ほか〕

▲アマゾン川流域などで見られる熱帯林の伐採には(1)商業的林業のほか，(2)焼畑の拡大，(3)土地利用の転換（放牧地，えびの養殖池など），(4)鉱産資源の開発などが背景にある。

②アメリカ合衆国の酸性雨

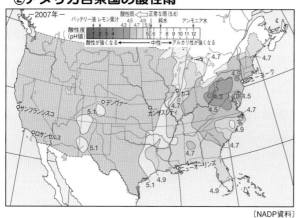

〔NADP資料〕

③ヨーロッパの酸性雨

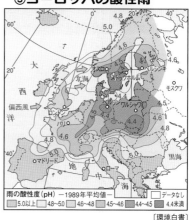

雨の酸性度（pH）—1989年平均値—
- 5.0以上
- 4.8〜5.0
- 4.6〜4.8
- 4.5〜4.6
- 4.4〜4.5
- 4.4未満
- データなし

〔環境白書〕

④中国の酸性雨

雨の酸性度（pH）—2006年平均値—
- 4.5未満
- 4.5〜5.0
- 5.0〜5.6
- 5.6以上
- ○おもな工業都市

〔中国環境状況公報 2006〕

▲化石燃料の燃焼により発生する窒素や硫黄の酸化物が，光化学反応により強酸性物質（硝酸・硫酸など）に変化し，降水にとり込まれたものが酸性雨である。広義にはpH5.6以下のものをさし，土壌・地下水・湖沼の酸性化や森林枯死をもたらす。硫黄分の多い地元産の石炭を使用する長江以南の被害が深刻。

⑤南極上空で観測されたオゾンホールの変化

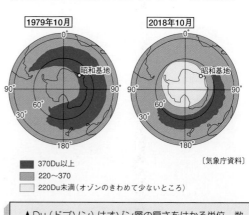

〔気象庁資料〕

- 370Du以上
- 220〜370
- 220Du未満（オゾンのきわめて少ないところ）

▲Du（ドブソン）はオゾン層の厚さをはかる単位。数値が小さいほどオゾン層が薄いことを示す。1979年と2018年では，後者の方が明らかにオゾン層が薄いことがわかる。
IC洗浄やエアコンなどに用いられるフロンが気化し成層圏まで達すると，そこのオゾン層を破壊する。これにより有害な紫外線が地上に達するようになり，皮膚ガンの増加などが懸念される。

⑥相互に関連する地球的課題

発展途上国 ──────── 南北問題 ──────── 先進国

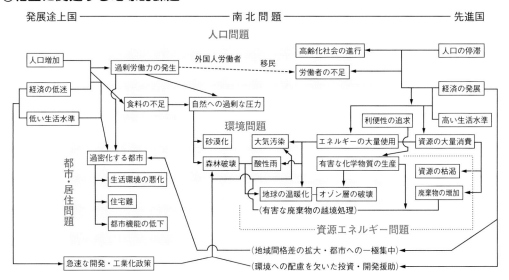

⑦地球全体の平均気温の平年値との差

世界の年平均気温と平年値(1981〜2010年の平均気温)との差（気温の平年差）

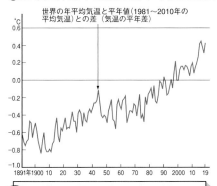

▲19世紀中頃から上昇してきた地球の平均気温は，一時期低下してきたが，1970年代後半から急に上昇に転じた。ここで，「人為による温暖化」が言われるようになった。

⑧温暖化のメカニズム

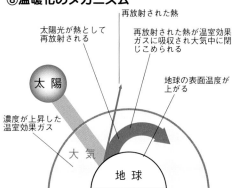

▲二酸化炭素やフロン，メタンなどの温室効果ガスは，太陽光線は通すが，地表から放射される赤外線を吸収し，赤外線を地表に放射するため気温を上昇させる。海水の膨張や極地の氷の融解で海面が上昇することが予想されている。

⑨世界の二酸化炭素排出量

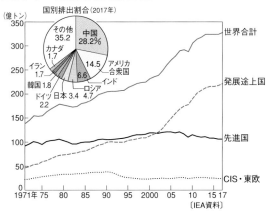

国別排出割合(2017年)

その他 35.2／中国 28.2%／カナダ 1.7／イラン 1.7／アメリカ合衆国 14.5／韓国 1.8／インド 6.6／ドイツ 2.2／日本 3.4／ロシア 4.7

〔IEA資料〕

◀CO_2排出量は燃料消費量にほぼ対応して増え，1970年代前半までは先進国での，近年は発展途上国での増加が目立つ。先進国は70年代の石油危機で石油消費量が減り，以後も産業構造の転換などで化石燃料消費が抑えられて排出量の伸びが小さくなった。CIS・東欧は社会主義経済崩壊後の経済後退で90年代に燃料消費量が減り，排出量が減少した。発展途上国では，人口増加に伴う化石燃料の消費増に加え，薪炭材の消費増や焼畑の拡大もあり，排出量が増えている。

①領土の概念

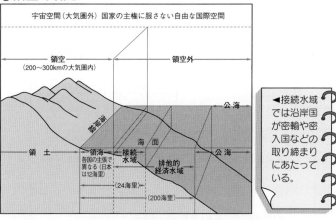

宇宙空間（大気圏外）国家の主権に服さない自由な国際空間

領空（200〜300kmの大気圏内）　　　領空外

公海

海面

領土　　領海 各国の主張で異なる（日本は12海里）　接続水域　排他的経済水域　公海

（24海里）

（200海里）

▶接続水域では沿岸国が密輸や密入国などの取り締まりにあたっている。

②さまざまな国境

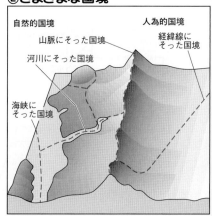

自然的国境　　　　　　人為的国境

山脈にそった国境　　経緯線にそった国境

河川にそった国境

海峡にそった国境

③世界のおもな領土・国境問題

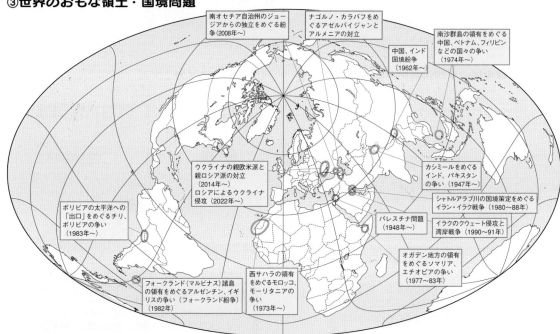

南オセチア自治州のジョージアからの独立をめぐる紛争（2008年〜）

ナゴルノ・カラバフをめぐるアゼルバイジャンとアルメニアの対立

南沙群島の領有をめぐる中国、ベトナム、フィリピンなどの国々の争い（1974年〜）

中国、インド国境紛争（1962年〜）

ウクライナの親欧米派と親ロシア派の対立（2014年〜）ロシアによるウクライナ侵攻（2022年〜）

カシミールをめぐるインド、パキスタンの争い（1947年〜）

ボリビアの太平洋への「出口」をめぐるチリ、ボリビアの争い（1983年〜）

シャトルアラブ川の国境策定をめぐるイラン・イラク戦争（1980〜88年）

パレスチナ問題（1948年〜）

イラクのクウェート侵攻と湾岸戦争（1990〜91年）

オガデン地方の領有をめぐるソマリア、エチオピアの争い（1977〜83年）

フォークランド（マルビナス）諸島の領有をめぐるアルゼンチン、イギリスの争い（フォークランド紛争）（1982年）

西サハラの領有をめぐるモロッコ、モーリタニアの争い（1973年〜）

④ アジアの文字分布

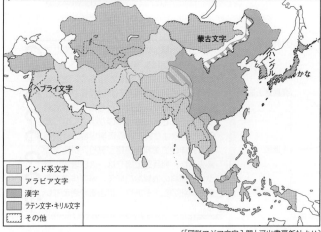

蒙古文字

ハングル

かな

ヘブライ文字

	インド系文字
	アラビア文字
	漢字
	ラテン文字・キリル文字
	その他

〔「図説アジア文字入門」河出書房新社より〕

世界のさまざまな「こんにちは」のあいさつ

アラビア語（アラビア文字）右から左へ書く

أَ ﺍ ﺍﻟـﺴﱠﻼَﻡُ ﻋَﻠَﻴـْﻜُﻢْ.

アッサラームアレイクム（あなたの上に平安を）

タイ語（タイ文字）

สวัสดี

サワッディー

モンゴル語（モンゴル文字）上から下へ、左から右へ書く〈モンゴルでは主としてキリル文字を使用〉

サインバイノー

韓国語（ハングル文字）

안녕하세요

アンニョンハセヨ

ヘブライ語（ヘブライ文字）右から左へ書く

שָׁלוֹם

シャローム

ヒンディー語（デワナガリー文字）

नमस्ते

ナマステ

ロシア語（キリル文字）

Здравствуйте

ズドラーストヴィチェ

⑤世界の人種分布

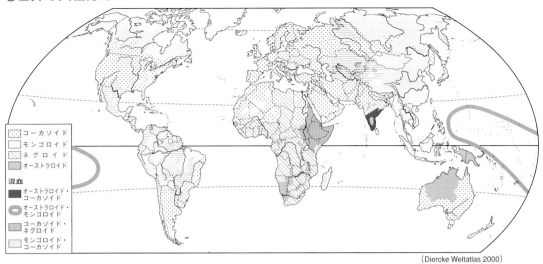

〔Diercke Weltatlas 2000〕

コーカソイド
モンゴロイド
ネグロイド
オーストラロイド

混血
オーストラロイド・コーカソイド
オーストラロイド・モンゴロイド
コーカソイド・ネグロイド
モンゴロイド・コーカソイド

⑥世界の言語分布

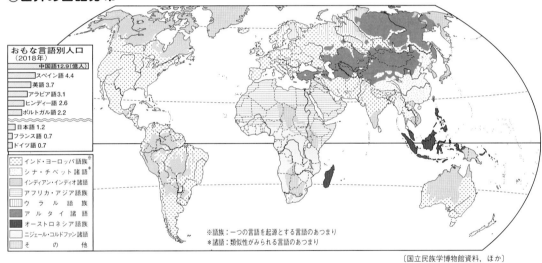

おもな言語別人口
（2018年）

中国語 12.9（億人）
スペイン語 4.4
英語 3.7
アラビア語 3.1
ヒンディー語 2.6
ポルトガル語 2.2
日本語 1.2
フランス語 0.7
ドイツ語 0.7

インド・ヨーロッパ語族※
シナ・チベット諸語＊
インディアン・インディオ諸語
アフリカ・アジア語族
ウラル語族
アルタイ諸語
オーストロネシア語族
ニジェール・コルドファン諸語
その他

※語族：一つの言語を起源とする言語のあつまり
＊諸語：類似性がみられる言語のあつまり

〔国立民族学博物館資料，ほか〕

⑦世界の宗教分布

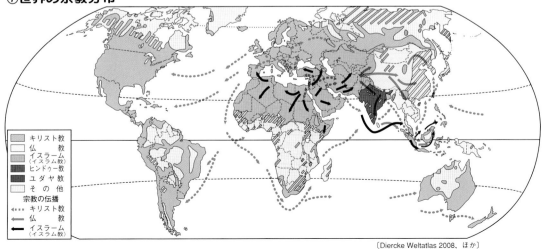

キリスト教
仏教
イスラーム（イスラム教）
ヒンドゥー教
ユダヤ教
その他

宗教の伝播
キリスト教
仏教
イスラーム（イスラム教）

〔Diercke Weltatlas 2008，ほか〕

① 現代世界の国家群と地域紛争

2023年6月現在

米州機構 (OAS) 1951 (35)

※1 2009年OASではキューバ排除決議を無効とする決議が採択されたが、キューバは復帰を否定。

セントビンセント及びグレナディーン諸島
アメリカ合衆国　バハマ　カナダ
アンティグア・バーブーダ　ハイチ
トリニダード・トバゴ　バルバドス
セントクリストファー・ネービス
ジャマイカ　スリナム　ドミニカ国
セントルシア　ガイアナ　グレナダ

ラテンアメリカ統合連合 (ALADI) 1981 (13)

アルゼンチン　ブラジル　チリ
パラグアイ　ペルー　ウルグアイ
メキシコ　コロンビア　エクアドル
ベネズエラ　ボリビア　キューバ※1

中米統合機構 (SICA) 1991 (8)

ドミニカ共和国　ベリーズ
エルサルバドル　グアテマラ　パナマ
ニカラグア　ホンジュラス　コスタリカ

北大西洋条約機構 (NATO) 1949 (31)

アメリカ合衆国　アルバニア　北マケドニア　イギリス
カナダ　トルコ　モンテネグロ

ヨーロッパ連合 (EU) 1967 (27)

ポーランド　チェコ　ハンガリー
ドイツ　フランス　イタリア
オランダ　ベルギー　ルクセンブルク　デンマーク
ギリシャ　スペイン　ポルトガル　エストニア　ラトビア
リトアニア
スロベニア
スロバキア
ルーマニア
ブルガリア
クロアチア
フィンランド

アイルランド
スウェーデン
オーストリア
マルタ
キプロス

欧州自由貿易連合 (EFTA) 1960 (4)

ノルウェー　アイスランド

スイス
リヒテンシュタイン

独立国家共同体※2 (CIS) 1991 (9)

ロシア　ベラルーシ
モルドバ　カザフスタン
タジキスタン　キルギス
ウズベキスタン　アルメニア
アゼルバイジャン

※2 トルクメニスタンは準加盟国、ウクライナは参加国。

太平洋安全保障条約 (ANZUS) 1951 (3)

アメリカ合衆国
オーストラリア
ニュージーランド

東南アジア諸国連合 (ASEAN) 1967 (10)

インドネシア　タイ
マレーシア　フィリピン
シンガポール　ブルネイ
ベトナム　ミャンマー　ラオス
カンボジア

経済協力開発機構 (OECD) 1961 (38)

地図中の □ の国々

アフリカ連合 (AU) 2002 (55)

地図中の ▨ の国々・地域

ウクライナの親欧米派と親ロシア派の対立(2014年〜)・ロシアによるウクライナ侵攻(2022年〜)

ミンダナオ島西南部のイスラム教徒(モロ人)とキリスト教徒の対立

南オセチア自治州のジョージアからの独立をめぐる紛争(2008年〜)

ベルギーのオランダ系フラマン語とフランス系ワロン語の「言語紛争」

チェチェン共和国のロシアからの独立をめぐる紛争(1994年〜)

東ティモール独立運動(1975〜2002年)

独立を求めるチベット族の反政府運動(1987年〜)

フランス系住民のケベック州分離独立運動

アチェ独立運動(1976〜2005年)

ナゴルノ・カラバフの帰属をめぐるアゼルバイジャンとアルメニアの紛争(1988年〜)

ヒンドゥーとイスラームの宗教対立

アイルランド全島統一を求める運動(1969年〜)

仏教徒のシンハラ人とヒンドゥー教タミル人の対立(1983〜2009年)

コロンビア反政府運動

アフガニスタン内戦(1979〜2001年)

クルド人の国家建設を求める運動(1979年〜)

フランス・スペインからの分離を求めるバスク人の運動(1967年〜)

シリア内戦(2011年〜)

ユーゴスラビアから、クロアチア、スロベニア、ボスニア・ヘルツェゴビナ、マケドニアの各共和国の分離、独立(1991〜93年)

キプロス島のギリシャ系住民とトルコ系住民の対立(1963年〜)

セルビアからのコソボ自治州の独立をめざした紛争(1998〜99年)

ソマリア内戦(1991年〜)

パレスチナをめぐるアラブ人とユダヤ人の対立(1948年〜)

シエラレオネ内戦(1991〜2002年)

エジプト民主化運動(2011年)

リベリア内戦(1989〜2003年)

モザンビーク内戦(1977〜1992年)

コートジボワール内戦(2011年〜)

リビア内戦(2011年)

スーダン内戦(1983〜2005年)

ルワンダのフツ人とツチ人の対立(1990〜94年)

チュニジア・ジャスミン革命(2010〜11年)

アンゴラ内戦(1975〜2002年)

ダールフール紛争(2003年〜)

白人政権による有色人種隔離政策アパルトヘイト(1991年、この政策を定めた法律を廃止)

アラブ連盟 (LAS) 1945 (22)

レバノン　ジブチ
オマーン
スーダン
モロッコ
ヨルダン
ソマリア
イエメン
コモロ
モーリタニア
パレスチナ自治区

石油輸出国機構 (OPEC) 1960 (13)

地図中の ▨ の国々

バーレーン
エジプト
シリア
チュニジア※3
カタール

イラク　クウェート
サウジアラビア　リビア
アルジェリア
アラブ首長国連邦

アラブ石油輸出国機構 (OAPEC) 1968 (11)

イラン　ナイジェリア　赤道ギニア
アンゴラ　ベネズエラ　コンゴ共和国
ガボン

※3 チュニジアは1987年にOAPECを脱退したと主張しているが、機構側は未払い分担金を精算しないと脱退を認めないとしている。

2国間のおもな安全保障条約

Ⓐ 日米安全保障条約 1951
Ⓑ 米韓相互防衛条約 1953
Ⓒ 米比相互防衛条約 1951
Ⓓ 中朝友好協力相互援助条約 1961
Ⓔ 口朝友好善隣協力条約 2000

②おもな国の国内輸送に占める交通機関の割合

貨物輸送（単位：億トンキロ）　　　　　旅客輸送（単位：億人キロ）

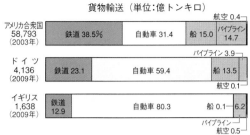
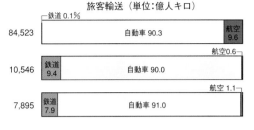

〔国土交通省資料、ほか〕

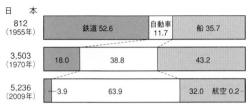
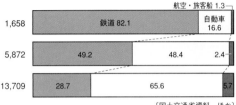

③日本の距離帯別の輸送人員負担率

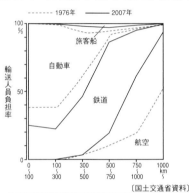

〔国土交通省資料〕

▲例えば2007年では、100〜300km を移動するのに、約23%の人が鉄道を、77%が自動車を利用している。
　鉄道は約30年間に、短距離では自動車に、長距離では航空機に分担率を奪われた。自動車は短距離の、航空機は長距離の輸送が多く、鉄道は中距離の大都市間、もしくは大都市圏内の通勤輸送で優位を占める。

④ハブ空港

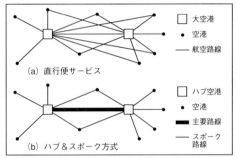

▲旅客輸送の効率化のために、従来の直行便サービスからハブ＆スポーク方式に路線網を整備する航空会社が増えている。これは、拠点空港（ハブ空港）に近隣の地方空港から中小型機を運行し、拠点空港どうしは大型の航空機を頻繁に運行するもので、路線図が車輪の軸（ハブ）とスポークのような形になることから名付けられた。この方式では、搭乗効率を上げるとともに、航空機や乗組員の配備を効率的に行うことができるメリットがある。

⑤日本における輸送量の変化

貨物
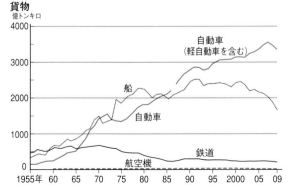

旅客
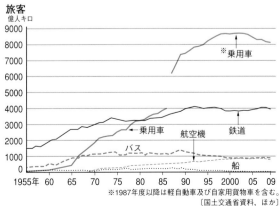

※1987年度以降は軽自動車及び自家用貨物車を含む。
〔国土交通省資料、ほか〕

①世界の内陸水路

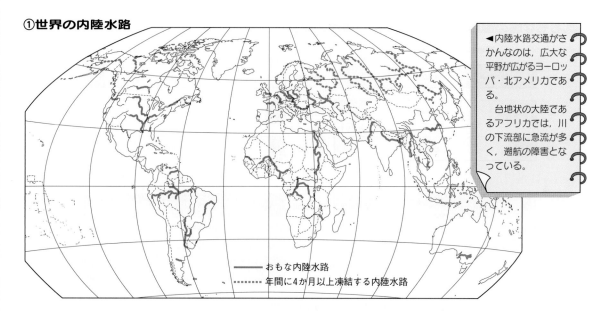

――― おもな内陸水路

・・・・・・ 年間に4か月以上凍結する内陸水路

◀内陸水路交通がさかんなのは，広大な平野が広がるヨーロッパ・北アメリカである。
　台地状の大陸であるアフリカでは，川の下流部に急流が多く，遡航の障害となっている。

②パナマ運河（閘門式）の模式断面図

◀運河には閘門式運河と水平式運河がある。
　パナマ運河は閘門式，スエズ運河は水平式の代表例。
　パナマ運河は船舶の大型化と通航量の増加にあわせた運河拡張工事が行われ，2016年に運用開始された。

③投影面による図法の区分

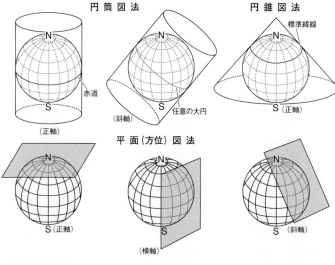

円筒図法

円錐図法　標準緯線

（正軸）　赤道

（斜軸）　任意の大円　（正軸）

平面（方位）図法

（正軸）　（横軸）　（斜軸）

④大圏コース

最短コース（大圏コース）
小円
大円
A　B
地球の中心

図1

A　　　B　大円
小円

図2

▲地球を任意の平面で切ると，その切り口は円になる。その円の大きさが最大となるのは，地球の中心を通る平面で切ったときで，このときの切り口を大円という。それ以外の切り口はすべて大円より小さな円（小円）となる。地球上の2点間の最短コースは，必ず大円上の円周上にある（図1）。なぜなら，図2のようにAB間の弧の長さは大円において，もっとも小さいからである。この最短コースを大圏コースまたは大円コースという。
　また，「AからみたBの方位」とはAを通る経線とABを通る大円のなす角をいう。

⑤地図投影法の分類

	正積図法	正角図法	正距図法	その他
円筒図法	ランベルト正積円筒図法 サンソン図法 モルワイデ図法 ホモロサイン（グード）図法 エケルト図法	メルカトル図法 横メルカトル図法 （ユニバーサル横メルカトル図法）	正距円筒（正方形）図法	心射円筒図法 ミラー図法
円錐図法	ランベルト正積円錐図法 ボンヌ図法 多面体図法	正角円錐図法	正距円錐図法	心射円錐図法
平面図法	ランベルト正積方位図法	平射（ステレオ）図法	正距方位図法	心射図法 正射図法

⑥いろいろな統計地図

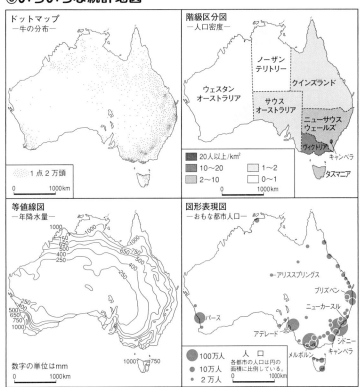

ドットマップ
—牛の分布—

1点2万頭
0 — 1000km

階級区分図
—人口密度—

ノーザン
テリトリー
ウェスタン
オーストラリア
クインズランド
サウス
オーストラリア
ニューサウス
ウェールズ
ヴィクトリア
キャンベラ
タスマニア

20人以上/km²
10〜20
2〜10
1〜2
0〜1
0 — 1000km

等値線図
—年降水量—

数字の単位はmm
0 — 1000km

図形表現図
—おもな都市人口—

アリススプリングス
ブリズベン
ニューカースル
パース
アデレード
シドニー
メルボルン
キャンベラ

100万人
10万人
2万人
人 口
各都市の人口は円の
面積に比例している。
0 — 1000km

◀特定のテーマを示した地図を**主題図**といい，代表的なものに以下の6種類がある。
　（1）**ドットマップ**…数値を表す点で表現。
　（2）**階級区分図**…単位地域ごとに統計値をランク分けして表現。
　（3）**等値線図**…値の等しいところを線で結んで表現。
　（4）**図形表現図**…統計値を図形で表現。
　（5）**カルトグラム**…統計値の大きさにあわせてもとの地図を変形（例：p.105①）。
　（6）**流線図**…移動を矢印で表現（例：p.99④）。他に小区画ごとの統計値で表現するメッシュマップもある。

⑦カルトグラムの例

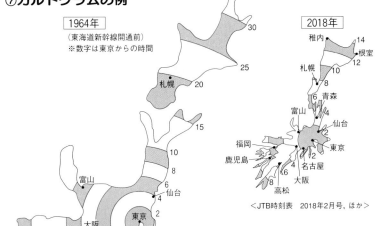

1964年
（東海道新幹線開通前）
※数字は東京からの時間

30
25
札幌
20
15
10
8
富山
6
仙台
4
大阪
東京
福岡
高松
6 4
15
8
10
20
鹿児島
25

2018年

稚内
14
根室
12
札幌
10
8
6 青森
富山 4
仙台
2
東京
福岡 2
鹿児島 2
名古屋
6
大阪
8
高松

<JTB時刻表　2018年2月号，ほか>

◀**鉄道の発達による時間距離の変化**　東京から日本各地に行くのに要する最短の時間を長さで示し，それに応じて地図を変形したもの。仙台や大阪など新幹線で直接行くことができる地点は中心近くに，知床半島や大隅半島など在来線を乗り継がないと行かれない地点は遠くに描かれる。

⑧メッシュマップの例

<環境省>

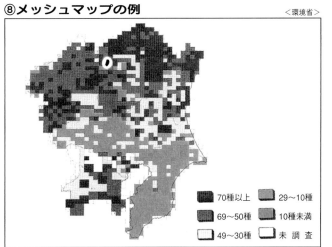

鳥類の出現分布▶
　一定の間隔の経緯線で区画した地域ごとにみられる鳥の種類を，階級区分で示したメッシュマップ。
　山地や水辺などで種類が多くなることが読みとれる。

70種以上
69〜50種
49〜30種
29〜10種
10種未満
未　調　査

① 地図投影法　◯ は，半径1000kmの範囲を示す

― 正 積 図 法 ―

(a) ランベルト正積円筒図法

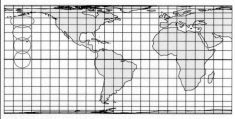

高緯度で形のひずみが非常に大きくなるので，実際に使用されることはまれである。

(b) サンソン図法（擬円筒図法）

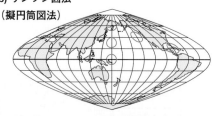

緯線は等間隔の平行線，経線は正弦曲線。作図はたやすいが，中央経線（直線で示されている経線）付近を除けば形のひずみが大きい。

(c) モルワイデ図法（擬円筒図法）

経線が楕円，緯線は平行線で，緯線間隔は，面積が正しくなるように緯度が高まるにつれ実際より小さくなる。サンソン図法よりも高緯度地方でのひずみが小さい。

(d) ホモロサイン（グード）図法

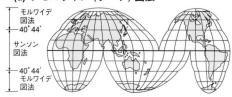

（b）（c）の図法の長所を合わせ，さらに大陸の形のひずみを小さくするために，海の部分に断裂を入れ中央経線をふやしたもの。サンソン・モルワイデ両図法の緯線の長さが緯度40°44′で一致するので，ここで両者をつなぎ合わせてある。

(e) エケルト図法（擬円筒図法）

高緯度地方のひずみを小さくするために，極を赤道の1/2の長さの直線，経線を上図のような独特の曲線とし，緯線間隔は，面積が正しくなるように，緯度が高まるほど狭くとってある。グード図法とともに，世界図として多く使用される。

(f) ボンヌ図法（擬円錐図法）

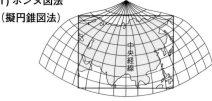

緯線は等間隔の同心円であるが，経線はこれらを実長に比例して切るため，独特の曲線を描いている。中央経線を離れるにつれ形のひずみが増すので，世界図や半球図には不適当であるが，大陸図や地方図にはよく用いられている。

(g) ハンメル図法

世界図を描くために，ランベルト正積方位図法の赤道および各緯線を2倍の長さにし，全体を楕円形にした図法。

― 正 角 図 法 ―

(h) メルカトル図法

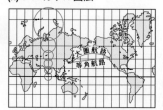

経緯線はたがいに直交する平行線。このため，緯度が増すにつれ距離・面積が急激に大きくなる。しかし，磁針を一定の角度に保って航行すれば目的地に到達できるという等角航路が直線で示されるので，海図としての利用価値が大きい。

方位（平面）図法

（i）正距方位図法

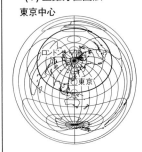 東京中心

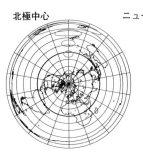 北極中心

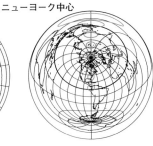 ニューヨーク中心

図の中心から各地点への方位と距離が正しく示されている。しかし、中心付近の狭い範囲を除いて、とくに外縁部での面積や形のひずみがきわめて大きい。

（j）心射図法

大圏航路

(k) ランベルト正積方位図法

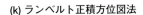

投影中心から各地点への方位が正しい。また、中心からかなり広い範囲にわたって形のひずみが小さいので、しばしば大陸図に用いられ、半球図としても使用可能である。

地図上の任意の2点を結ぶと、その線が地球上の大圏航路となる。ただし、この線の長さは、実際の大圏航路の距離に比例してはいないので注意が必要である。

※平面図法の投影（正軸投影による）

心射図法
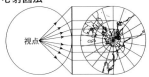
視点

平射図法
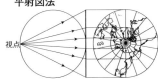
視点

正射図法
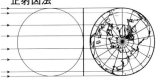

地形図に用いられる図法

わが国の地形図は、従来は多面体図法によって描かれていたが、現在ではユニバーサル横メルカトル図法によって描かれている。

（l）多面体図法

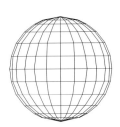

経緯線で区切られた台形の4辺は、実際の長さに比例するが、左右の辺（経線）の代わりに、台形の高さ（中央経線）を実際の長さに比例させたものもある（日本の旧版地形図）。

(m) ユニバーサル横メルカトル(UTM)図法

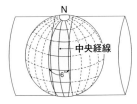
中央経線

個々の円筒面は経度6°おきで地球を囲む。中央経線の付近では、ひずみが非常に小さい。経度差6°未満の範囲では、各図葉が平面上で切れ目なく接合できる。

その他の図法

(n) ミラー図法

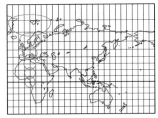

メルカトル図法に比べると、高緯度地方ほど緯線間隔を短くしてあるので、メルカトル図法よりも高緯度の面積のひずみが小さく極を示すことができる。しかし、正積ではなく、緯度が高まるほど面積は拡大され形のひずみも大きくなっている。

①地形図の記号（1：25,000）

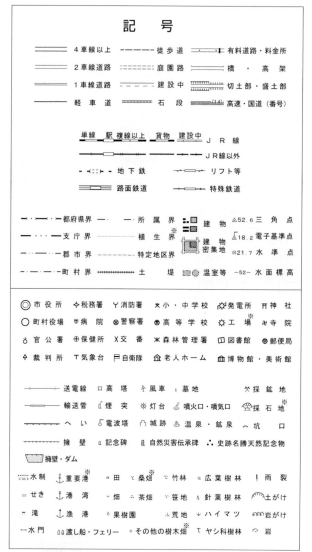

記　号

4車線以上	徒歩道	有料道路・料金所
2車線道路	庭園路	橋・高架
1車線道路	建設中	切土部・盛土部
軽車道	石段	高速・国道（番号）(14)

単線　駅　複線以上　貨物　建設中　　ＪＲ線
ＪＲ線以外
地下鉄　　リフト等
路面鉄道　　特殊鉄道

都府県界　所属界　建物　△52.6 三角点
支庁界　植生界　建物密集地　•18.2 電子基準点
郡市界　特定地区界　回21.7 水準点
町村界　土堤　温室等　-52-水面標高

◎ 市役所　✦ 税務署　Y 消防署　★ 小・中学校　✿ 発電所　⊓ 神社
○ 町村役場　⊕ 病院　⊗ 警察署　⊛ 高等学校　✾ 工場　卍 寺院
⚲ 官公署　⊕ 保健所　X 交番　森林管理署　◫ 図書館　⊕ 郵便局
⚖ 裁判所　T 気象台　⊩ 自衛隊　⌂ 老人ホーム　血 博物館・美術館

送電線　□ 高塔　ϙ 風車　⊥ 墓地　⚒ 採鉱地
輸送管　煙突　☼ 灯台　噴火口・噴気口　採石地
へい　電波塔　城跡　温泉・鉱泉　坑口
擁壁　記念碑　自然災害伝承碑　∴ 史跡名勝天然記念物
擁壁・ダム

水制　⚓ 重要港　田　桑畑　竹林　広葉樹林　雨裂
せき　⚓ 港湾　畑　茶畑　笹地　針葉樹林　土がけ
滝　⚓ 漁港　果樹園　荒地　ハイマツ　岩がけ
水門　渡し船・フェリー　その他の樹木畑　ヤシ科樹林　岩

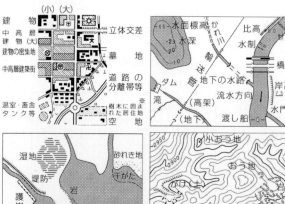

（小）（大）
建物
中高層建物（大）
建物の密集地
中高層建築街
温室・畜舎タンク等
立体交差
墓地
道路の分離帯等
樹木に囲まれた居住地
空地

水面標高　かれ川
-23 水深　比高
水制
橋
地下の水路　岸高
流水方向　水門
ダム
滝　（高架）
（地下）　渡し船

湿地　砂れき地
堤防　干がた
岩　護岸　フェリー
隠顕岩　防波堤

おう地　小おう地
2950　2900　おう地
万年雪

※平成25年図式で使われなくなった記号。

（旧式地形図の記号）

房車水　樹広樹針空畑田
薬鹼薬潤　林葉林葉地▽
樹立欄
電報局・電話局
電報電話局

②等高線と縮尺

種類 ＼ 縮尺	あらわし方	1：25,000	1：50,000
計曲線		50m間隔	100m間隔
主曲線		10m 〃	20m 〃
＊補助曲線		{ 5m 〃 {＊＊2.5m 〃	10m 〃 5m 〃
	地図上の1cm	実際の250m	実際の500m
	実際の1km 1km²	地図上の4cm 16cm²	地図上の2cm 4cm²

＊　必要に応じて用いる。
＊＊ 等高線数値を表示する。

▲縮尺を決定するには等高線が何mおきに描かれているかを見ればよい。
「下2けためが奇数の主（計）曲線」があれば1：25,000である。

③等高線の高さを読む（1：50,000）

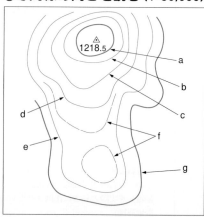

1218.5
a
b
c
d
e
f
g

▲ a……1218.5mの三角点より低い計曲線だから1200m
b……1200mの計曲線より20m低い主曲線だから1180m
同様にc……1160m　d……1140m
e……1120m　g……1100m
f ……1140と1120の間の補助曲線だから1130m

④尾根線と谷線

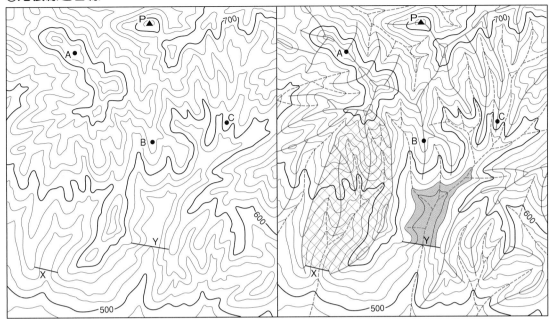

▲上の図を用いて、次のことを考察してみよう。①PからA・B・Cの各地点まで尾根づたいに行くとすれば、どこを通るか。②ダムXの集水域は、どの範囲か。③ダムYに、最深40mで貯水したとき、ダム湖はどのような形になるか。
——尾根線　-----谷　線　▨▨ダムXの集水域　▓▓ダムYに最深40mで貯水したときのダム湖
（最深部はダム堤の中央部で海抜520mであるからダム湖は560mの等高線の内側となる。）

(1)尾根と谷

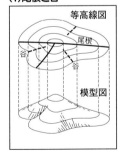

◀尾根とは、山と峰のつらなりである。尾根に立って左右を見ると必ず自分の位置の方が高い。すなわち尾根すじとは、進行方向に向かって左右両側より自分のいる所が高い道すじをさす。地形図で尾根すじをたどるには、相対的に高い地点からみて、等高線が凸になっている部分をさがし、もし迷ったら左右の等高線の高度との比較を行うとよい。

▼雨が降ったとき、雨水の流れる方向を分ける境界を分水界といい、尾根すじは必ず一種の分水界となる。連続する分水界、つまり連続する尾根線に囲まれた範囲に降る雨水は、その中の谷を流れる。したがってこの範囲は谷を流れる河川の流域である。河川ではなく、湖やダムに水が集まってくる範囲を指すには「集水域」という語がよく使われる。上の図では、ダムXのダム堤の両端からのびる尾根線の内側が、ダムXの集水域である。

(2)分水界と集水域

⑤断面図の描き方

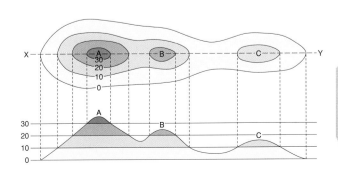

◀ＸＹ線に沿った断面図を描くには、
①ＸＹの平行線を引く。
②高さをあらわす数字を記入する。
③ＸＹと等高線の交点から垂線を下ろす。
④それぞれの高さを示す線との交点を結ぶ。

① 世界の国別・地域別輸出貿易の割合

総額18兆5,621億ドル（2019年）

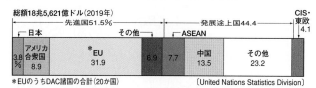

*EUのうちDAC諸国の合計（20か国）　〔United Nations Statistics Division〕

② 日本，中国，EU，NAFTAの相互の貿易

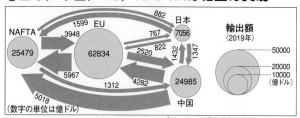

（数字の単位は億ドル）　〔ジェトロ世界貿易投資報告 2020年版〕

④ 先進国の輸出入品目の割合（2019年）

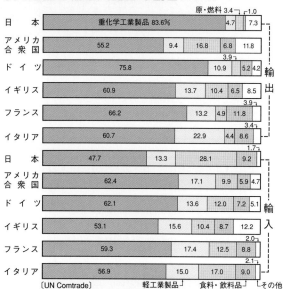

〔UN Comtrade〕

⑤ 発展途上国の輸出品目の割合

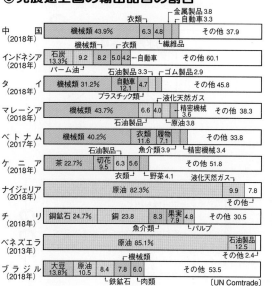

〔UN Comtrade〕

③ 世界の輸出貿易に占める主要国の割合の推移

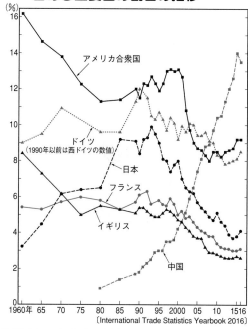

〔International Trade Statistics Yearbook 2016〕

⑥ 国民1人あたり輸出入額と貿易依存度

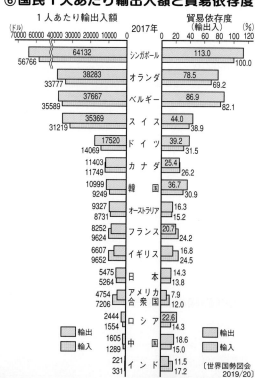

〔世界国勢図会 2019/20〕

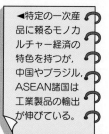
◀特定の一次産品に頼るモノカルチャー経済の特色を持つが，中国やブラジル，ASEAN諸国は工業製品の輸出が伸びている。

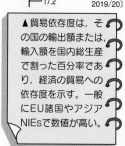
▲貿易依存度は，その国の輸出額または，輸入額を国内総生産で割った百分率であり，経済の貿易への依存度を示す。一般にEU諸国やアジアNIEsで数値が高い。

⑦おもな国の貿易入出超過額の推移

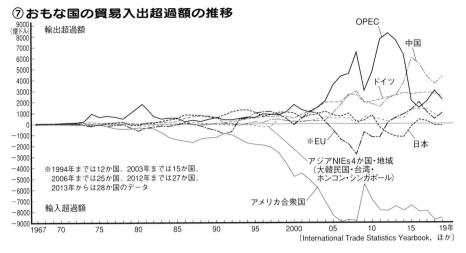

（億ドル）
輸出超過額

OPEC
中国
ドイツ
※EU
日本
アジアNIEs4か国・地域
（大韓民国・台湾・ホンコン・シンガポール）
アメリカ合衆国

輸入超過額

※1994年までは12か国、2003年までは15か国、2006年までは25か国、2012年までは27か国、2013年からは28か国のデータ

1967 70 75 80 85 90 95 2000 05 10 15 19年

〔International Trade Statistics Yearbook，ほか〕

◀OPECの貿易黒字幅は，原油価格の変動の影響が大きい（☞p.105④）。アメリカ合衆国は国内の産業の空洞化により貿易赤字を拡大させたが，サービス収支や資本収支では大幅な黒字である。

⑧日本のおもな貿易相手国（2019年）

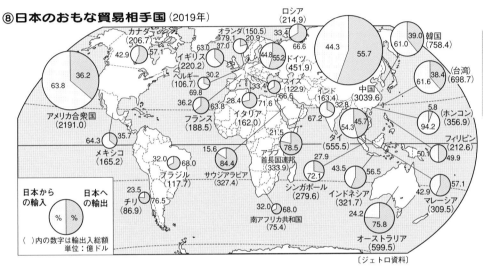

ロシア（214.9）33.4 / 66.6
カナダ（206.7）36.2 / 63.8
オランダ（150.5）79.1 / 20.9
イギリス（220.2）63.0 / 37.0
ドイツ（451.9）44.8 / 55.2
韓国（758.4）39.0 / 61.0
42.9 / 57.1
ベルギー（106.7）69.8 / 30.2
スイス（122.9）63.8 / 36.2
インド（163.4）67.2 / 32.8
中国（3039.6）44.3 / 55.7
（台湾）（698.7）38.4 / 61.6
ホンコン（356.3）5.8 / 94.2
フランス（188.5）71.6 / 28.4
イタリア（162.0）66.6 / 33.4
タイ（555.5）45.7 / 54.3
フィリピン（212.6）50.1 / 49.9
アメリカ合衆国（2191.0）36.2 / 63.8
メキシコ（165.2）35.7 / 64.3
アラブ首長国連邦（333.9）78.5 / 21.5
シンガポール（279.6）72.1 / 27.9
インドネシア（321.7）43.5 / 56.5
マレーシア（309.5）42.9 / 57.1
ブラジル（117.7）68.0 / 32.0
サウジアラビア（327.4）84.4 / 15.6
チリ（86.9）76.5 / 23.5
南アフリカ共和国（75.4）68.0 / 32.0
オーストラリア（599.5）75.8 / 24.2

日本からの輸入 ％ ／ 日本への輸出 ％
（　）内の数字は輸出入総額
単位：億ドル

〔ジェトロ資料〕

◀日本側が輸入超過となっている相手国は，インドネシアやオーストラリアなど資源の輸入先が多い。

⑨日本の貿易相手の変化〔財務省 貿易統計〕

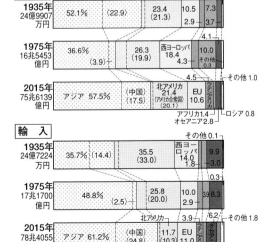

輸出

1935年 24億9907万円：52.1%　（22.9）　23.4（21.3）　10.5　2.9　7.3　3.7　その他0.1

1975年 16兆5453億円：36.6%　（3.9）　26.3（19.9）　西ヨーロッパ18.4　4.3　10.0　その他0.3　4.1

2015年 75兆6139億円：アジア57.5%　（中国）（17.5）　北アメリカ21.4（アメリカ合衆国）（20.1）　EU10.6　その他1.0　4.5
アフリカ1.4　オセアニア2.8　ロシア0.8

輸入

1935年 24億7224万円：35.7%　（14.4）　35.5（33.0）　西ヨーロッパ14.0　1.8　9.9　3.0　その他0.1

1975年 17兆1700億円：48.8%　（2.5）　25.8（20.0）　10.0　2.9　8.3　3.9　0.3

2015年 78兆4055億円：アジア61.2%　（中国）（24.8）　北アメリカ11.7（アメリカ合衆国）（10.3）　EU11.0　6.2　その他1.8
アフリカ1.8　ロシア2.4

⑩日本の貿易品目の変化〔財務省 貿易統計〕

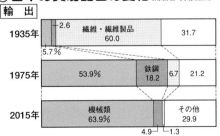

輸出

1935年：2.6　繊維・繊維製品60.0　31.7　5.7%

1975年：53.9%　鉄鋼18.2　6.7　21.2

2015年：機械類63.9%　その他29.9　4.9　1.3

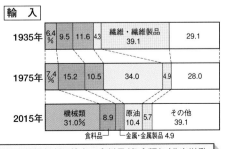

輸入

1935年：6.4%　9.5　11.6　繊維・繊維製品39.1　29.1

1975年：7.4%　15.2　10.5　34.0　4.9　28.0

2015年：機械類31.0%　8.9　原油10.4　5.7　その他39.1
食料品　金属・金属製品4.9

▲近年は東・東南アジアとの貿易が増え，これらの国へは電子部品や鉄鋼などの輸出，食料品（魚介類など）や労働集約型の工業製品（衣類・電気機器など）の輸入が増えている。その一方で原油の輸入額全体に占める比率は1970年代に比べて低下している。

①発展途上国への経済援助 (2018年)

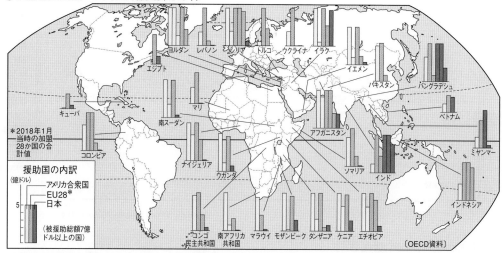

援助国の内訳
(億ドル)
アメリカ合衆国
EU28*
日本

＊2018年1月当時の加盟28か国の合計値

(被援助総額7億ドル以上の国)

〔OECD資料〕

②日本のODA援助額と青年海外協力隊の派遣先

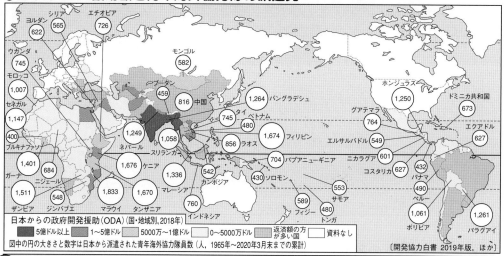

日本からの政府開発援助(ODA)(国・地域別, 2018年)

| 5億ドル以上 | 1〜5億ドル | 5000万〜1億ドル | 0〜5000万ドル | 返済額の方が多い国 | 資料なし |

図中の円の大きさと数字は日本から派遣された青年海外協力隊員数(人, 1965年〜2020年3月末までの累計)

〔開発協力白書 2019年版, ほか〕

▲ODAには援助相手国に返済の義務が無い無償資金協力と, 返済が必要な有償資金協力の2つがある。日本のODAはアジア諸国に多い。援助額は多いが, GNIに対する割合はヨーロッパ諸国より低めである。

③日本の企業の海外進出

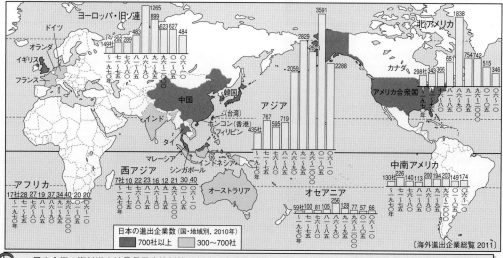

日本の進出企業数(国・地域別, 2010年)

| 700社以上 | 300〜700社 |

〔海外進出企業総覧 2011〕

▲日本企業の海外進出は①貿易摩擦対策のため, 自動車メーカーなどが欧米へ, ②低賃金労働力を求めて電気機器メーカーなどがアジアへ, の2つに大別される。

④在留外国人数※の推移
〔法務省資料〕

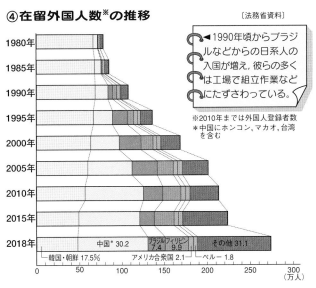

◀1990年頃からブラジルなどからの日系人の入国が増え，彼らの多くは工場で組立作業などにたずさわっている。

※2010年までは外国人登録者数
＊中国にホンコン，マカオ，台湾を含む

1980年
1985年
1990年
1995年
2000年
2005年
2010年
2015年
2018年　中国* 30.2　ブラジル 7.4　フィリピン 9.9　その他 31.1
韓国・朝鮮 17.5%　アメリカ合衆国 2.1　ペルー 1.8
0　50　100　150　200　250　300（万人）

⑤ODAの国別推移
〔開発協力白書・ODA白書〕

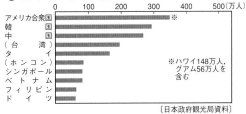

アメリカ合衆国
ドイツ
イギリス
日本
フランス
カナダ
イタリア
350億ドル
1996　2000　2005　2010　2015　2018年

⑥ 海外渡航者と日本を訪れる外国人

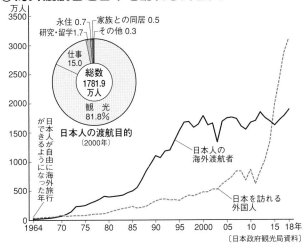

永住 0.7　家族との同居 0.5
研究・留学 1.7　その他 0.3
仕事 15.0
総数 1781.9万人
観光 81.8%
日本人の渡航目的（2000年）

日本人が自由に海外旅行ができるようになった年

日本人の海外渡航者
日本を訪れる外国人

万人
3500
3000
2500
2000
1500
1000
500
1964　70　75　80　85　90　95　2000　05　10　15　18年
〔日本政府観光局資料〕

⑦日本の海外渡航者の行き先（2018年）

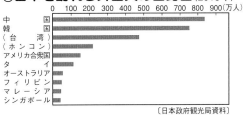

0　100　200　300　400　500（万人）
アメリカ合衆国 ※
韓国
中国
（台湾）
タイ
（ホンコン）
シンガポール
ベトナム
フィリピン
ドイツ

※ハワイ148万人，グアム56万人を含む

〔日本政府観光局資料〕

⑧日本を訪れる外国人の出身国（2018年）

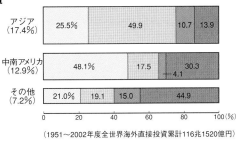

0　100　200　300　400　500　600　700　800　900（万人）
中国
韓国
（台湾）
（ホンコン）
アメリカ合衆国
タイ
オーストラリア
フィリピン
マレーシア
シンガポール

〔日本政府観光局資料〕

⑨日本の地域別・業種別海外直接投資

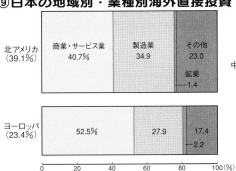

北アメリカ（39.1%）　商業・サービス業 40.7%　製造業 34.9　その他 23.0　鉱業 1.4

ヨーロッパ（23.4%）　52.5%　27.9　17.4　2.2
0　20　40　60　80　100（%）

アジア（17.4%）　25.5%　49.9　10.7　13.9

中南アメリカ（12.9%）　48.1%　17.5　30.3　4.1

その他（7.2%）　21.0%　19.1　15.0　44.9
0　20　40　60　80　100（%）

（1951～2002年度全世界海外直接投資累計116兆1520億円）

〔経済要覧　平成16年版〕

⑩日本の海外直接投資の推移 〔数字は構成比% （ ）内は各年度末累計額〕

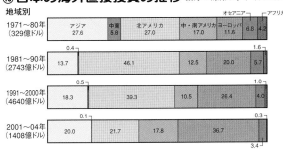

地域別

1971～80年（329億ドル）　アジア 27.6　中東 5.8　北アメリカ 27.0　中・南アメリカ 17.0　ヨーロッパ 11.6　オセアニア 6.8　アフリカ 4.2

1981～90年（2743億ドル）　13.7　0.4　46.1　12.5　20.0　5.7　1.6

1991～2000年（4640億ドル）　18.3　0.5　39.3　10.5　26.4　4.0　1.0

2001～04年（1408億ドル）　20.0　0.1　21.7　17.8　36.7　3.4　0.3

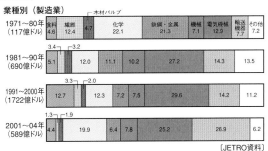

業種別（製造業）　木材パルプ

1971～80年（117億ドル）　食料 4.6　繊維 12.4　4.7　化学 22.1　鉄鋼・金属 21.3　機械 7.1　電気機械 12.9　輸送機器 7.7　その他 7.2

1981～90年（690億ドル）　5.1　3.4　3.2　12.0　11.1　10.2　27.2　14.3　13.5

1991～2000年（1722億ドル）　12.7　3.3　2.0　12.3　7.2　7.5　29.6　14.2　11.2

2001～04年（589億ドル）　4.4　1.3　1.9　19.9　6.4　7.8　25.2　26.9　6.2

〔JETRO資料〕

①アジアの地形と気候

新期造山帯

古期造山帯
カレドニア造山帯※
（一部構造平野もある）
バリスカン造山帯（ヘルシニア）※※

安定陸塊
準平原
構造平野など（台地・低地・丘陵地）※※※
おもな山脈
海溝

※古生代中期の造山運動によって生じた造山帯
※※古生代末の造山運動によって生じた造山帯
※※※新しい平野（沖積平野や洪積台地）ははぶいてある

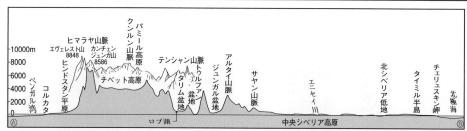

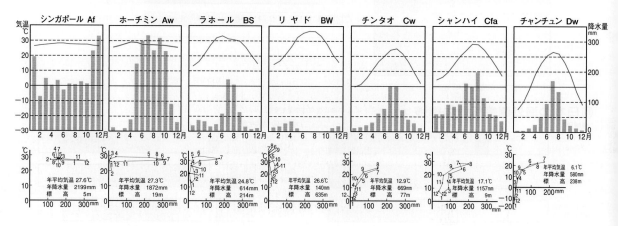

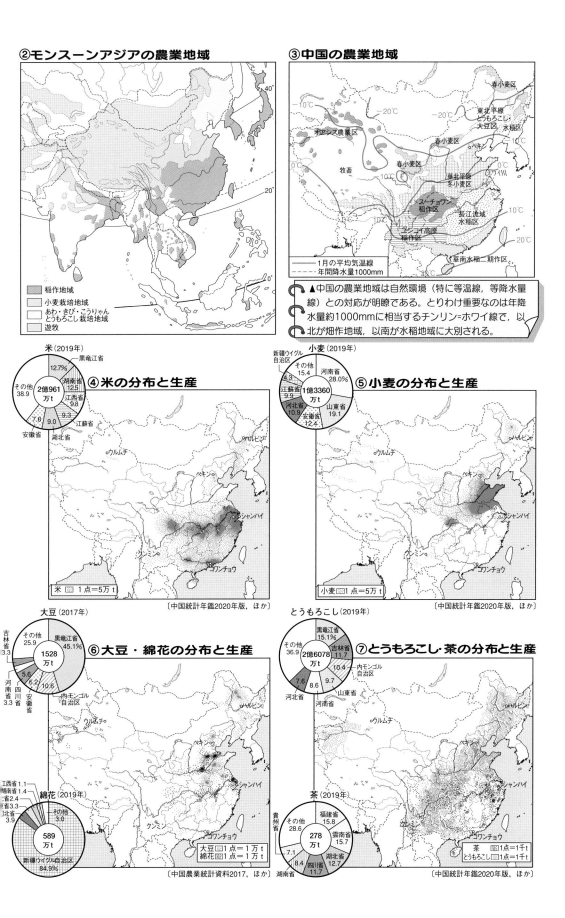

①中国の工業地域

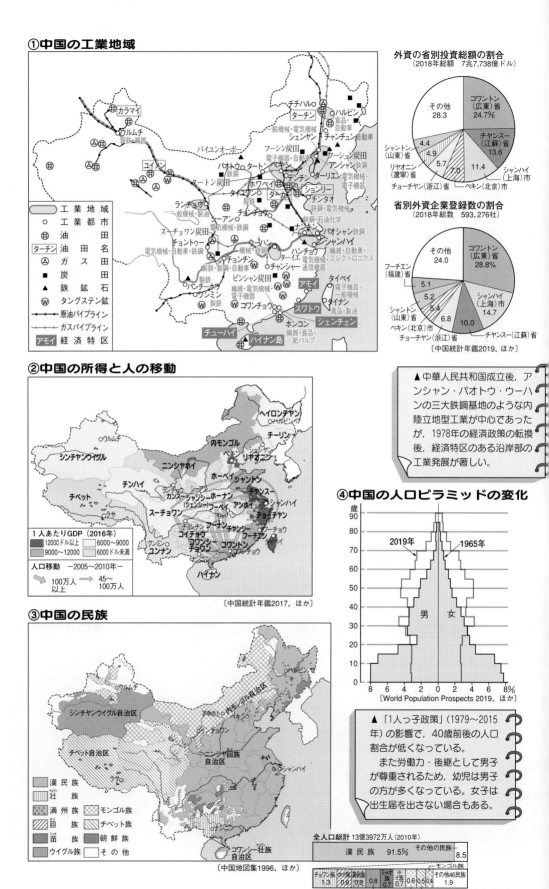

凡例：
- 工業地域
- ○ 工業都市
- ⊕ 油田
- ターチン 油田名
- ガ ス 田
- ■ 炭 田
- ▲ 鉄 鉱 石
- Ⓦ タングステン鉱
- 原油パイプライン
- ガスパイプライン
- アモイ 経済特区

外資の省別投資総額の割合
（2018年総額 7兆7,738億ドル）

- コワントン（広東）省 24.7%
- チヤンスー（江蘇）省 13.6
- シャンハイ（上海）市 11.4
- ペキン（北京）市 7.0
- チョーチヤン（浙江）省 5.7
- リヤオニン（遼寧）省 4.9
- シャントン（山東）省 4.4
- その他 28.3

省別外資企業登録数の割合
（2018年総数 593,276社）

- コワントン（広東）省 28.8%
- シャンハイ（上海）市 14.7
- チヤンスー（江蘇）省 10.0
- チョーチヤン（浙江）省 6.8
- ペキン（北京）市 5.4
- シャントン（山東）省 5.2
- フーチエン（福建）省 5.1
- その他 24.0

〔中国統計年鑑2019，ほか〕

▲中華人民共和国成立後，アンシャン・パオトウ・ウーハンの三大鉄鋼基地のような内陸立地型工業が中心であったが，1978年の経済政策の転換後，経済特区のある沿岸部の工業発展が著しい。

②中国の所得と人の移動

1人あたりGDP（2016年）
- 12000ドル以上
- 9000～12000
- 6000～9000
- 6000ドル未満

人口移動 −2005～2010年−
- 100万人以上
- 45～100万人

〔中国統計年鑑2017，ほか〕

④中国の人口ピラミッドの変化

2019年　1965年

男　女

〔World Population Prospects 2019，ほか〕

▲「1人っ子政策」（1979～2015年）の影響で，40歳前後の人口割合が低くなっている。
また労働力・後継として男子が尊重されるため，幼児は男子の方が多くなっている。女子は出生届を出さない場合もある。

③中国の民族

凡例：
- 漢民族
- 壮族
- 満州族
- 回族
- 苗族
- ウイグル族
- モンゴル族
- チベット族
- 朝鮮族
- その他

〔中国地図集1996，ほか〕

全人口総計 13億3972万人（2010年）

漢民族 91.5%	その他の民族 8.5

少数民族計 1億1379万人

- チョワン族 1.3
- ウイグル族 0.8
- ホイ族 0.8
- 満族 0.8
- ミャオ族 0.7
- トゥチャ族 0.7
- モンゴル族 0.6
- チベット族 0.5
- 朝族 0.4
- その他46民族 1.9

※点在しているため図中にない

⑤アジア東部・南部の新興工業地区

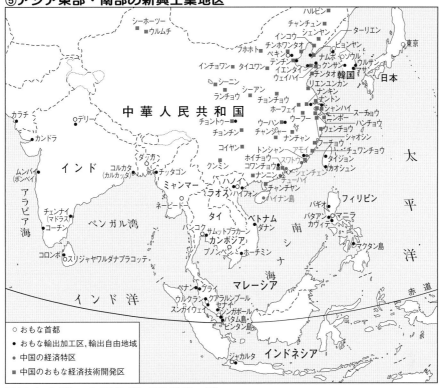

○ おもな首都
● おもな輸出加工区, 輸出自由地域
● 中国の経済特区
■ 中国のおもな経済技術開発区

⑥日本企業の水平分業（T自動車の例）

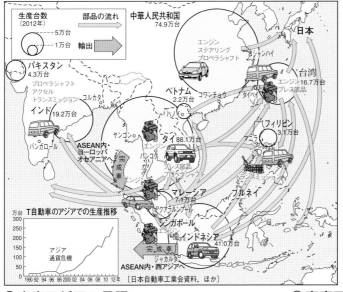

生産台数（2012年）
部品の流れ
輸出

〔日本自動車工業会資料, ほか〕

▼ 東南アジアは大陸部と島嶼部（マレーシアを含む）とで文化的違いが多く，宗教は，大陸部では仏教が中心，島嶼部ではイスラーム（イスラム教）やキリスト教が優勢である。大陸部のうち，ベトナムは中国を経由して伝えられた大乗仏教が中心であるが，他は上座仏教が信仰される。島嶼部では海上交易によって伝わったイスラーム（イスラム教）が中心だが，フィリピンはスペインの，東ティモールはポルトガルの植民地時代に伝わったキリスト教（カトリック）が信仰されている。言語は，島嶼部ではオーストロネシア語族の言語が用いられるが，大陸部ではシナ・チベット諸語，タイ・カダイ諸語，オーストロアジア語族など多様である。

⑦東南アジアの言語

おもな言語
タイ・カダイ諸語*（タイ語など）
オーストロアジア語族（ベトナム語など）
オーストロネシア語族（マレー語など）
シナ・チベット諸語（中国語など）
・ドラヴィダ語族（タミル語など）
その他の言語
*シナ・チベット諸語に含むこともある。

⑧東南アジアの宗教

イスラーム（スンナ派）
キリスト教
大乗仏教※
上座仏教
ヒンドゥー教
儒教・道教
その他
・仏教遺跡
※大乗仏教はブッダの死後おこした万人の救済をめざした宗教であり，個人の救済をめざした上座仏教とは区別される。

① 東南アジアの農業

稲作地	さとうきび	ココやし	コーヒー
プランテーション作物栽培地	茶	油やし	香辛料
	天然ゴム	麻	バナナ

▼インドシナ半島の稲作地は大河のデルタに広がる。プランテーション作物栽培地は，低緯度の島嶼部の海岸から遠くない地域に広がり，フィリピンではココやし，マレーシアでは油やしが多い。

② 東南アジアの鉱工業

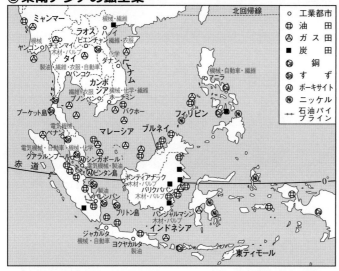

○	工業都市
⊕	油田
△	ガス田
■	炭田
Cu	銅
Sn	すず
Al	ボーキサイト
Ni	ニッケル
↔	石油パイプライン

▼華人（中国人）はもともと華南に居住し，東南アジアに移住した人々である。
おもに商工業にたずさわり，独自の文化を保っているが，マレーシアでは先住のマレー人との対立が生じ，華人の多いシンガポールが分離独立した。

③ 多民族国家マレーシア

ⓐ 民族別人口構成 (2010年)

その他 8.9
インド系 6.7
マレー系 61.8%
総人口 2833万人
中国系 22.6

ⓑ 一家族あたりの月額収入 (2012年)

インド系 1694.7ドル
中国系 2061.0ドル
マレー系 1443.0ドル

〔マレーシア統計庁資料〕

ⓒ 民族別就業人口の割合

マレー系 1970年 ※1	農業 66.2%	製造・建設業※2 8.0	商業 5.7	運輸3.5	その他のサービス業 16.6	
2000年	18.2	32.8	12.7	5.4 4.8	26.1	
中国系 2000年	5.6	38.9	28.0	4.8 7.6	15.1	金融
インド系 2000年	11.1	43.0	13.7	7.2 6.5	18.5	

※1 マレー半島のみのデータ
※2 鉱業を含む

④ 東南アジアの華人の分布

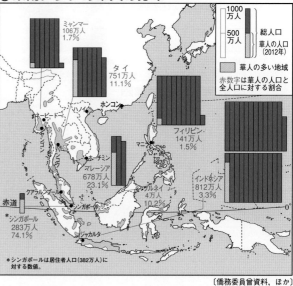

1000万人
500万人
総人口
華人の人口 (2012年)
華人の多い地域
赤数字は華人の人口と全人口に対する割合

ミャンマー 106万人 1.7%
タイ 751万人 11.1%
フィリピン 141万人 1.5%
マレーシア 678万人 23.1%
ブルネイ 4万人 10.2%
インドネシア 812万人 3.3%
*シンガポール 283万人 74.1%

ホンコン
ハノイ
ネーピード
ホーチミン
クアラルンプール
ジャカルタ
マニラ

赤道

*シンガポールは居住者人口（382万人）に対する数値。

〔僑務委員會資料，ほか〕

⑤ 南アジアの農業地域

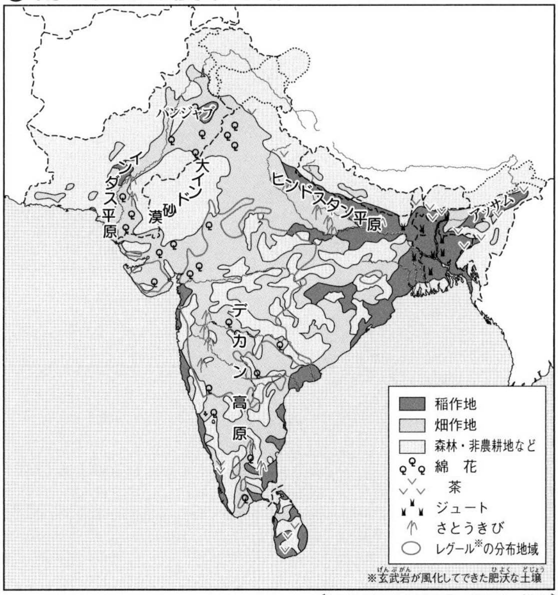
パンジャブ
インダス平原
大インド砂漠
ヒンドスタン平原
アッサム
デカン高原
稲作地
畑作地
森林・非農耕地など
綿　花
茶
ジュート
さとうきび
レグール※の分布地域
※玄武岩が風化してできた肥沃な土壌

〔Alexander Kombiatlas 2004，ほか〕

⑥ 南アジアの米・小麦の分布

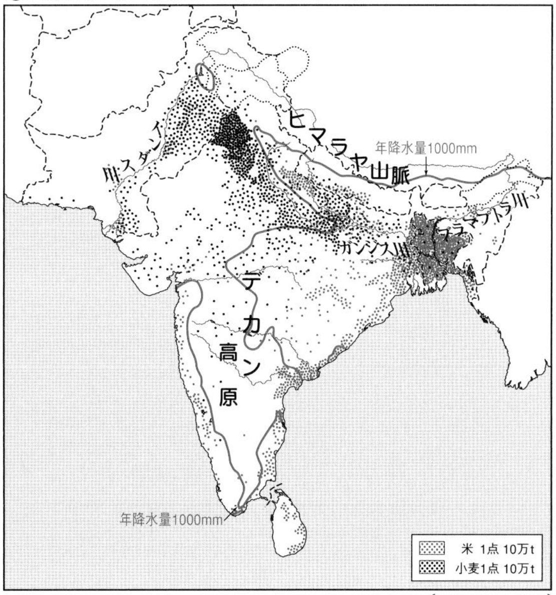
インダス川
ヒマラヤ山脈
年降水量1000mm
ブラマプトラ川
ガンジス川
デカン高原
年降水量1000mm
米 1点 10万t
小麦1点 10万t

〔FAOSTAT，ほか〕

⑦ 南アジアの鉱工業

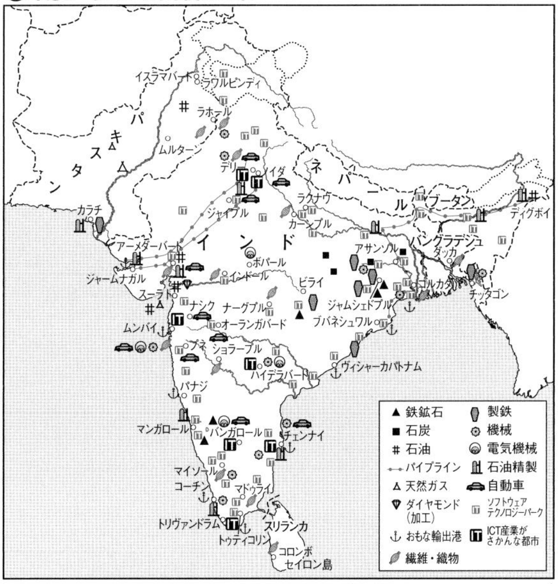
イスラマバード
ラワルピンディ
パキスタン
ラホール
ムルターン
デリー
アグラ
ネパール
ラクナウ
カーンプル
ブータン
ディグボイ
カラチ
ジャイプル
インド
アーメダバード
アサンソル
バングラデシュ
ダッカ
ジャームナガル
ボパール
インドール
ビライ
コルカタ
チッタゴン
スーラト
ジャムシェドプル
ナシク
ナーグプル
ブバネシュワル
ムンバイ
オーランガバード
プネ
ショラープル
ハイデラバード
ヴィシャーカパトナム
パナジ
マンガロール
バンガロール
チェンナイ
マイソール
コーチン
マドゥライ
トリヴァンドラム
トゥティコリン
スリランカ
コロンボ
セイロン島
鉄鉱石
石炭
石油
パイプライン
天然ガス
ダイヤモンド（加工）
おもな輸出港
繊維・織物
製鉄
機械
電気機械
石油精製
自動車
ソフトウェアテクノロジーパーク
ICT産業がさかんな都市

〔Diercke Weltatlas 2008，ほか〕

◀インドの北東部ではコロンボ計画による外国の援助を受け，ダモダル河谷開発公社(DVC)が設立され，ダモダル川に多目的ダムが建設された。ここでは炭田・鉄山の開発が行われ，ジャムシェドプルを中心に工業地域が形成された。他にムンバイ(ボンベイ)などが綿工業都市として有名。南部のバンガロールはコンピュータソフトウェア関連企業が集積し，インドのシリコンヴァレーとよばれる。近年はデリーやチェンナイを中心とした自動車生産の伸びが著しい。

⑧ 世界各地に住むインド人

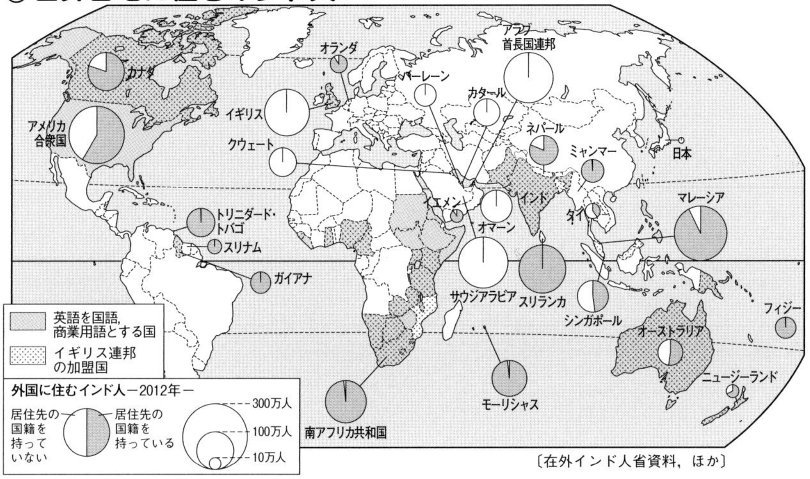
カナダ
アメリカ合衆国
オランダ
イギリス
アラブ首長国連邦
バーレーン
カタール
クウェート
ネパール
ミャンマー
日本
インド
イエメン
オマーン
タイ
マレーシア
トリニダード・トバゴ
スリナム
ガイアナ
サウジアラビア
スリランカ
シンガポール
フィジー
オーストラリア
ニュージーランド
モーリシャス
南アフリカ共和国
英語を国語，商業用語とする国
イギリス連邦の加盟国
外国に住むインド人－2012年－
居住先の国籍を持っていない
居住先の国籍を持っている
300万人
100万人
10万人

〔在外インド人省資料，ほか〕

⑨ 南アジアの宗教

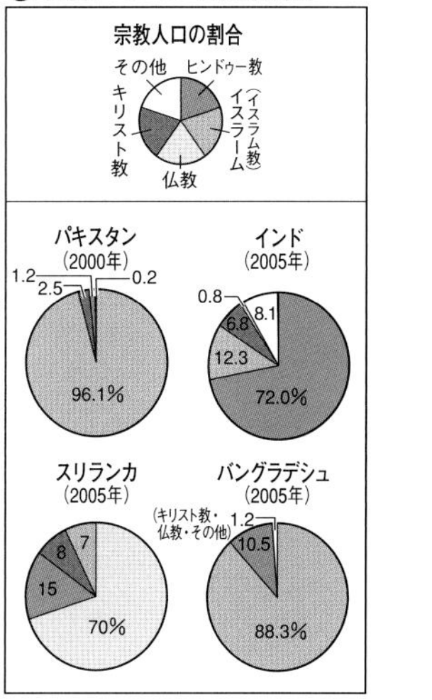
宗教人口の割合
その他
ヒンドゥー教
キリスト教
イスラーム（イスラム教）
仏教
パキスタン（2000年）
1.2
2.5
0.2
96.1%
インド（2005年）
0.8
6.8
8.1
12.3
72.0%
スリランカ（2005年）
7
8
15
70%
バングラデシュ（2005年）
（キリスト教・仏教・その他）1.2
10.5
88.3%

①アフリカの地形と気候

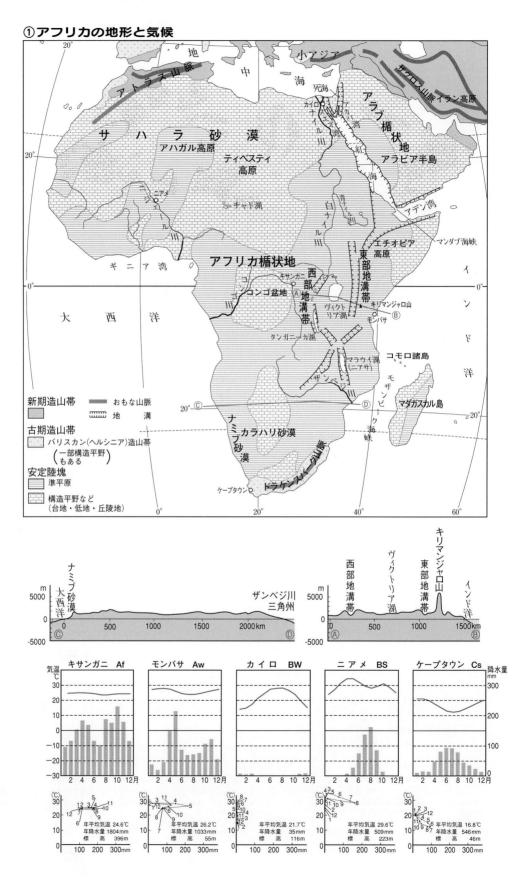

②サハラ砂漠とサヘルの降水量の変動

▶北縁の年降水量100mm線および南縁の年降水量150mm線はそれぞれ砂丘活動域のおよその限界を示す。

サヘルはサハラ砂漠の南縁に位置し，年降水量約150〜500mmの範囲である。近年砂漠化が著しいが，この背景として人口爆発による焼畑拡大，過放牧，薪炭材採取増加があり，それに伴う植生や土壌水分の減少，過剰灌漑による土壌の塩性化により，不毛化が進むと考えられている。

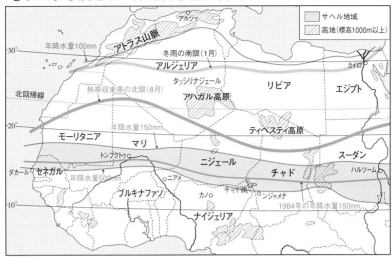

③ナイル川の開発

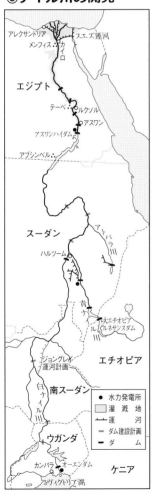

◀アスワンハイダムの建設は灌漑農地を増大させたが，一方で土壌の塩性化が進み，肥沃な土壌が供給されなくなるなどのマイナス面も生じた。さらに海岸侵食や漁業への悪影響，風土病の発生も指摘されている。

④アフリカの言語（公用語）

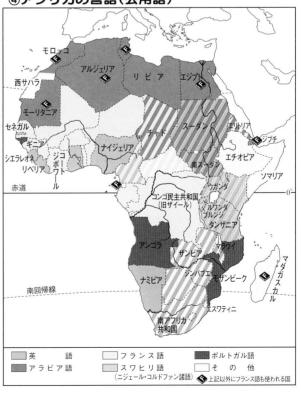

①アフリカ西海岸諸国の民族の領域

▲民族の居住地とは無関係にヨーロッパ諸国が植民地の境界を定め，この境界のまま独立したため，同一民族が分断されたり，対立する民族が同一国内に組み込まれたりして，内戦の一因ともなっている。

②イスラーム（イスラム教）の分布

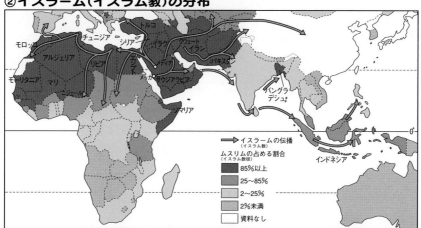

③パレスチナ難民

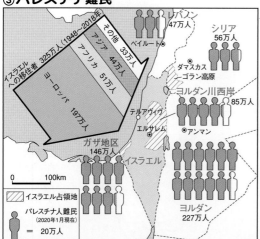

④クルド民族の居住地

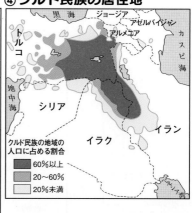

▲ユダヤ人のシオニズム運動により，パレスチナにユダヤ人国家のイスラエルが建国された。
これによって難民となったムスリム（イスラム教徒）のアラブ人はPLOを組織し，ユダヤ教徒のイスラエルと対立している。

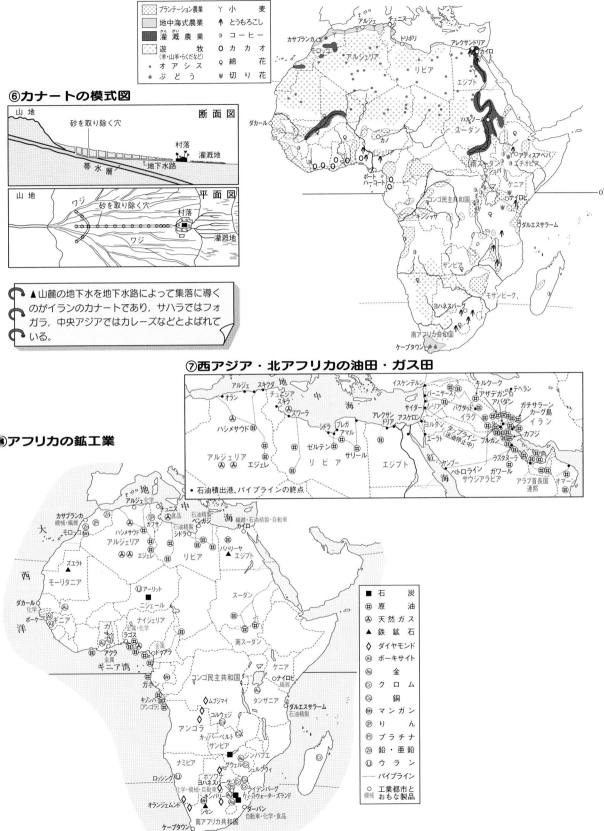

⑤アフリカの農業

⑥カナートの模式図

▲山麓の地下水を地下水路によって集落に導くのがイランのカナートであり，サハラではフォガラ，中央アジアではカレーズなどとよばれている。

⑦西アジア・北アフリカの油田・ガス田

⑧アフリカの鉱工業

①ヨーロッパの地形

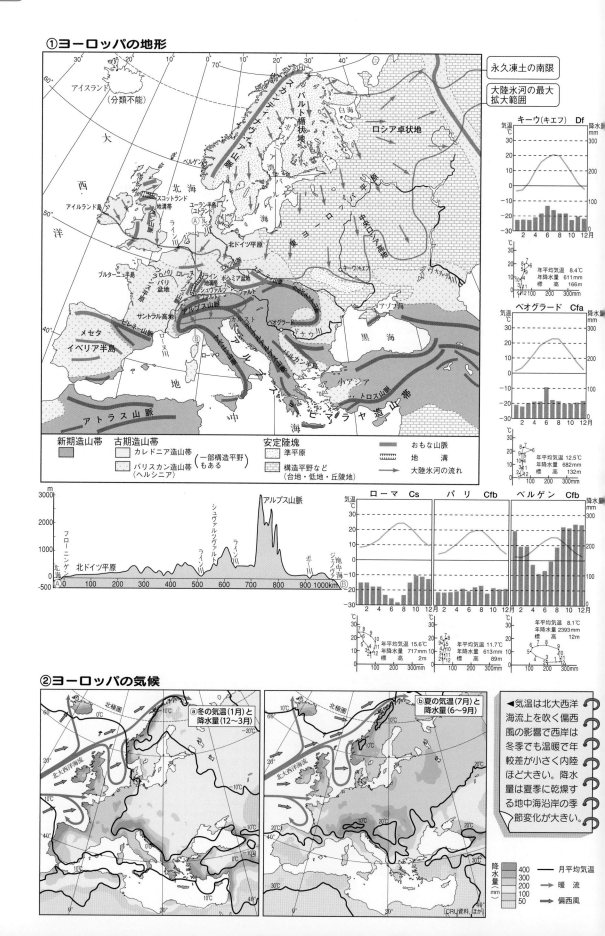

②ヨーロッパの気候

③ヨーロッパの言語

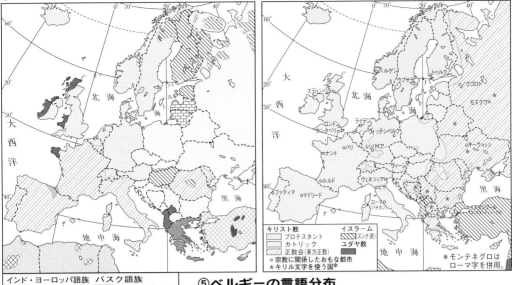

④ヨーロッパの宗教

キリスト教
- プロテスタント
- カトリック
- 正教会（東方正教）
○宗教に関係したおもな都市

イスラーム
- スンナ派
- ユダヤ教
★キリル文字を使う国*

＊モンテネグロは
ローマ字を併用。

インド・ヨーロッパ語族
- ゲルマン語派
- ラテン語派
- スラブ語派
- ケルト語派
- バルト語派
- ギリシャ語派
- アルバニア語派
- イラン語派

バスク語族
- バスク語

ウラル語族
- フィン・ウゴル語派

アルタイ諸語
- チュルク語派

アフリカ・アジア語族
- セム語派
- ベルベル語派

キリル文字のアルファベット
大文字：АБВГДЕЁЖЗИЙКЛМНОПРСТУ
ФХЦЧШЩЪЫЬЭЮЯ　　小文字：абвгдеёжз …
例：新潟 Ниигата　佐藤 Сатоу　鈴木 Судзуки

⑤ベルギーの言語分布

ベルギーの言語別人口比（2007年）

ドイツ語 0.7
- オランダ語 57.8%
- フランス語 31.8
- オランダ語 フランス語 9.7

- オランダ語（フラマン語）
- フランス語（ワロン語）
- ドイツ語
- オランダ語 フランス語
- …… 州界

⑥スイスの言語分布

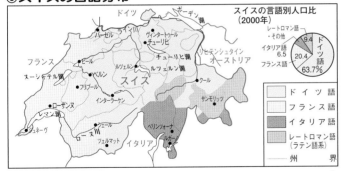

スイスの言語別人口比（2000年）

レートロマン語・その他 9.4
- ドイツ語 63.7%
- フランス語 20.4
- イタリア語 6.5

- ドイツ語
- フランス語
- イタリア語
- レートロマン語（ラテン語系）
- …… 州界

▲ベルギーではかつて経済的に優位にあった南部のラテン系ワロン人と，現在優位に立つ北部のゲルマン系フラマン人が対立しており，対立を緩和するために連邦制が導入された。

◀スイスはカントン（州）の権限が強い連邦制国家で，ドイツ・フランス・イタリア・レートロマン（ロマンシュ）のいずれの言語を用いるかがカントンごとに異なる。

⑦旧ユーゴスラビア*の宗教と民族分布

▶旧ユーゴスラビア*は6つの共和国，5つの民族（6共和国からボスニア・ヘルツェゴビナを除く），4つの言語（5民族からモンテネグロを除く），3つの宗教を含んでいた。
　分裂後もボスニア・ヘルツェゴビナでは正教会・カトリック・イスラーム（イスラム教）の3つの宗教が混在し，激しい対立が続いた。

＊ユーゴスラビア社会主義連邦共和国（1963～91年）を示す。

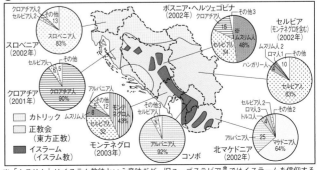

- カトリック
- 正教会（東方正教）
- イスラーム（イスラム教）

ボスニア・ヘルツェゴビナ（2002年）
クロアチア人 クロアチア人2 セルビア人2 その他 13
スロベニア人 83%
スロベニア（2002年）

セルビア（モンテネグロを含む）
その他 16
ムスリム人 48% セルビア人2
ムスリム人2 ロマ1 その他 10
ハンガリー人

セルビア人 5 5
クロアチア人 90%
クロアチア（2001年）

セルビア人 83%

アルバニア人
その他 5 12
ムスリム人 8 モンテネグロ人 43%
セルビア人 32
モンテネグロ（2003年）

セルビア人2 ロマ3 その他2
トルコ人
セルビア人
4
アルバニア人 92%
コソボ

マケドニア人 64%
アルバニア人 25
北マケドニア（2002年）

※「ムスリム」はイスラム教徒という意味だが，旧ユーゴスラビア*ではイスラームを信仰する民族の固有名称として「ムスリム人」が用いられる。

①ヨーロッパの農業の発展

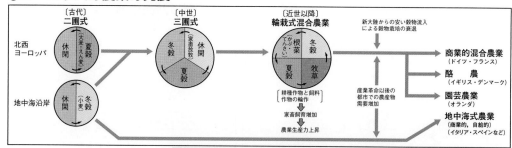

▲中世ヨーロッパでは集落の耕地を夏作地（おもに飼料栽培）・冬作地（おもに穀物栽培）・休閑地（のちに放牧）に分け，毎年交代して利用していた。のちに休閑地に根菜類や牧草が導入され，混合農業へ変容していった。

②ヨーロッパの農業

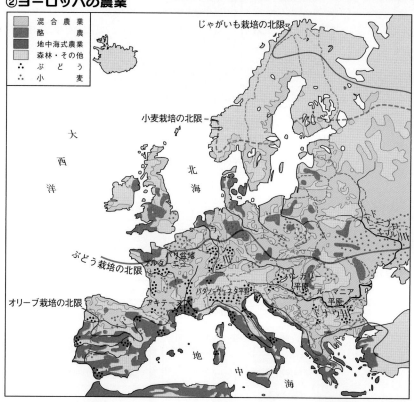

③ポルダーの分布と断面図

▼▶ポルダーは13世紀から建設されていたが，17世紀に大型の風車の利用によって急速に拡大した。20世紀には動力ポンプの利用で，ゾイデル海が締め切られてアイセル湖となり，干拓地は増加した。

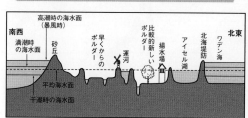

④EUの発足と発展

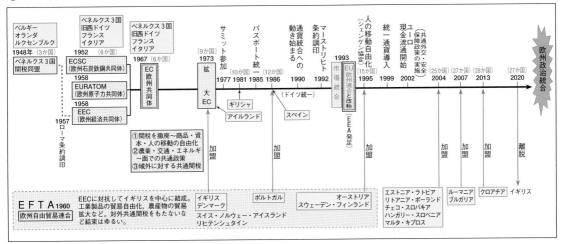

⑤EUの共通農業政策（小麦の場合）

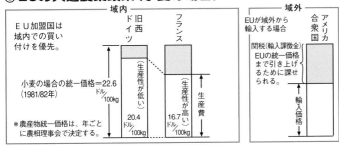

域内
EU加盟国は域内での買い付けを優先。

小麦の場合の統一価格＝22.6ドル/100kg（1981/82年）

＊農産物統一価格は、年ごとに農相理事会で決定する。

旧西ドイツ
（生産性が低い）
20.4ドル/100kg

フランス
（生産性が高い）
16.7ドル/100kg
生産費

域外
EUが域外から輸入する場合

関税（輸入課徴金）
EUの統一価格まで引き上げるために課せられる。

合衆国アメリカ
輸入価格

▲過剰生産と問題点
・買い支えに依存した需給無視の過剰生産が行われるが、生産性の高い国ほど受益金が大きい。
・過剰生産物を輸出するときは、国際価格まで引き下げるために莫大な赤字となる。

⑥共通農業政策の改革の変遷

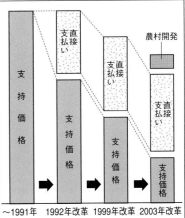

～1991年 ／ 1992年改革 ／ 1999年改革 ／ 2003年改革

⑦ヨーロッパの内陸水路

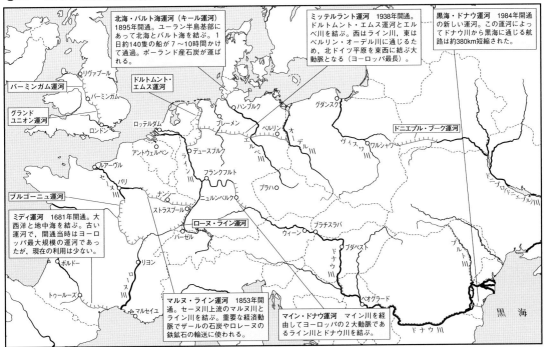

北海・バルト海運河（キール運河）
1895年開通。ユーラン半島基部にあって北海とバルト海を結ぶ。1日約140隻の船が7～10時間かけて通過。ポーランド産石炭が運ばれる。

ミッテルラント運河　1938年開通。ドルトムント・エムス運河とエルベ川を結ぶ。西はライン川、東はベルリン・オーデル川に通じるため、北ドイツ平原を東西に結ぶ大動脈となる（ヨーロッパ最長）。

黒海・ドナウ運河　1984年開通の新しい運河。この運河によってドナウ川から黒海に通じる航路は約380km短縮された。

バーミンガム運河

グランドユニオン運河

ブルゴーニュ運河

ミディ運河　1681年開通。大西洋と地中海を結ぶ。古い運河で、開通当時はヨーロッパ最大規模の運河であったが、現在の利用は少ない。

ドルトムント・エムス運河

ドニエプル・ブーク運河

ローヌ・ライン運河

マルヌ・ライン運河　1853年開通。セーヌ川上流のマルヌ川とライン川を結ぶ。重要な経済動脈でザールの石炭やロレーヌの鉄鉱石の輸送に使われる。

マイン・ドナウ運河　マイン川を経由してヨーロッパの2大動脈であるライン川とドナウ川を結ぶ。

①ヨーロッパの鉱工業

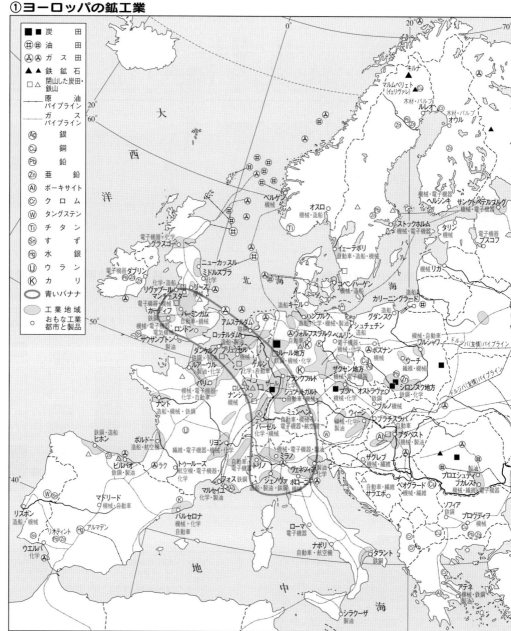

凡例
- ■ 炭 田
- ⊞ 油 田
- Ⓐ ガ ス 田
- ▲ 鉄 鉱 石
- □△ 閉山した炭田・鉄山
- ── 原 油 パイプライン
- ─ ─ ガ ス パイプライン
- Ⓐg 銀
- Ⓒu 銅
- Ⓟb 鉛
- Ⓩn 亜 鉛
- Ⓐl ボーキサイト
- Ⓒr ク ロ ム
- Ⓦ タングステン
- Ⓣi チ タ ン
- Ⓢn す ず
- Ⓗg 水 銀
- Ⓤ ウ ラ ン
- Ⓚ カ リ
- ◯ 青いバナナ
- 工業地域
- ◦ おもな工業都市と製品

②EUと他地域との比較

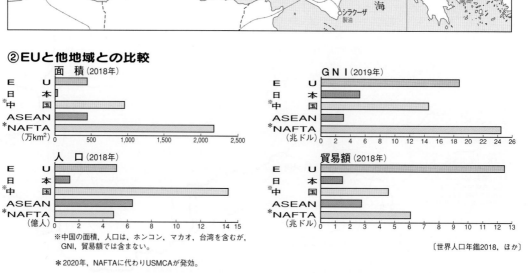

面 積 (2018年)
EU / 日本 / ※中国 / ASEAN / *NAFTA
（万km²） 0 500 1,000 1,500 2,000 2,500

GNI (2019年)
EU / 日本 / ※中国 / ASEAN / *NAFTA
（兆ドル） 0 2 4 6 8 10 12 14 16 18 20 22 24 26

人 口 (2018年)
EU / 日本 / ※中国 / ASEAN / *NAFTA
（億人） 0 2 4 6 8 10 12 14

貿易額 (2018年)
EU / 日本 / ※中国 / ASEAN / *NAFTA
（兆ドル） 0 1 2 3 4 5 6 7 8 9 10 11 12 13

※中国の面積、人口は、ホンコン、マカオ、台湾を含むが、
　GNI、貿易額では含まない。

＊2020年、NAFTAに代わりUSMCAが発効。

〔世界人口年鑑2018，ほか〕

③イタリアの工業の分布と南北格差

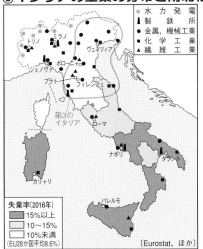

水力発電
製鉄所
金属，機械工業
化学工業
繊維工業

失業率(2016年)
15%以上
10〜15%
10%未満
(EU28か国平均8.6%)
〔Eurostat，ほか〕

④外国からの労働者

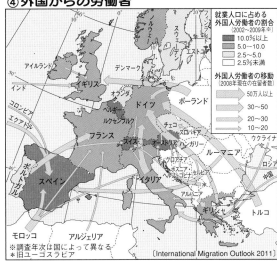

就業人口に占める
外国人労働者の割合
(2002〜2009年※)
10.0%以上
5.0〜10.0
2.5〜5.0
2.5%未満

外国人労働者の移動
(2008年現在の在留者数)
50万人以上
30〜50
20〜30
10〜20

※調査年次は国によって異なる
＊旧ユーゴスラビア
〔International Migration Outlook 2011〕

▲平野が広がり，水力に恵まれ，早くから自由主義的な空気が強かった北部では，ミラノを中心とした重工業や商業的混合農業がさかんで，経済的に先進地域であるのに対し，山がちの地形で大土地所有制が残存する南部では，地中海式農業が中心であり，所得も少ない。また，ヴェネツィア，ボローニャ，フィレンツェを中心とする地域には，職人や中小企業を中心に皮革や服飾などの高級品生産が主導する豊かな地域が存在し，第3のイタリア（サードイタリー）とよばれる。

⑤ルール工業地域の変化

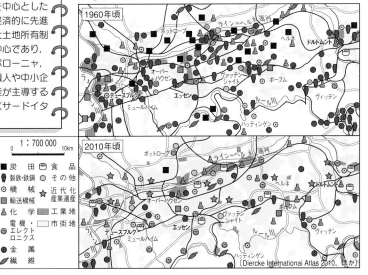

1960年頃
2010年頃

1：700 000

炭田　食品
製鉄・鉄鋼　その他
機械　近代化産業遺産
輸送機械　工業地
化学　市街地
電機・エレクトロニクス
金属
繊維
〔Diercke International Atlas 2010，ほか〕

▼観光客の移動は，夏のバカンスのために北→南であり，これは労働力の移動（右上④図）とはほぼ逆のパターンである。

⑥ヨーロッパの観光客の移動

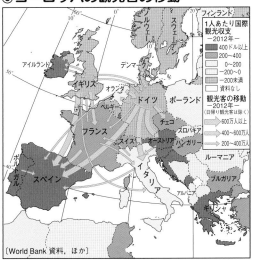

1人あたり国際観光収支
-2012年-
400ドル以上
200〜400
0〜200
-200〜0
-400〜-200
資料なし

観光客の移動
(2012年)
(日帰り観光客は除く)
600万人以上
400〜600万人
200〜400万人
〔World Bank 資料，ほか〕

⑦各国の国内総生産と観光収入

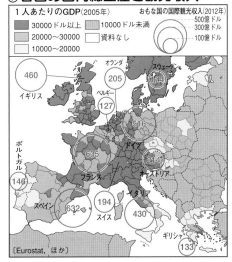

1人あたりのGDP(2005年)
30000ドル以上　10000ドル未満
20000〜30000　資料なし
10000〜20000

おもな国の国際観光収入(2012年)
500億ドル
300億ドル
100億ドル
〔Eurostat，ほか〕

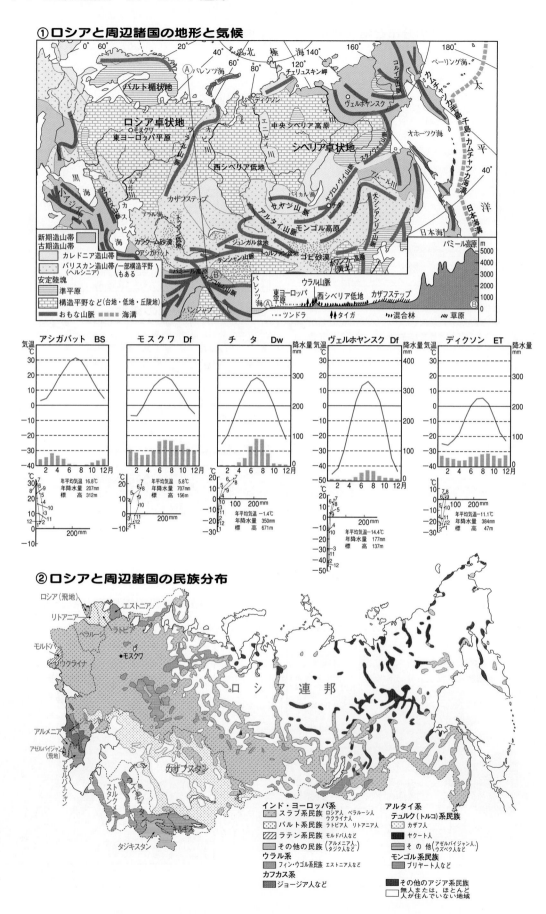

①ロシアと周辺諸国の地形と気候

②ロシアと周辺諸国の民族分布

③ロシアと周辺諸国の宗教

▼チェルノーゼムなどの肥沃な土壌が分布する「農業三角地帯」が小麦栽培などの耕作の中心である。以北はとなかいの遊牧が，以南は羊の放牧が中心である。アムダリア・シルダリア川流域では綿花栽培がさかんであるが，これにより土壌の塩性化やアラル海の水位低下が深刻になっている。

④ロシアと周辺諸国の農業地域

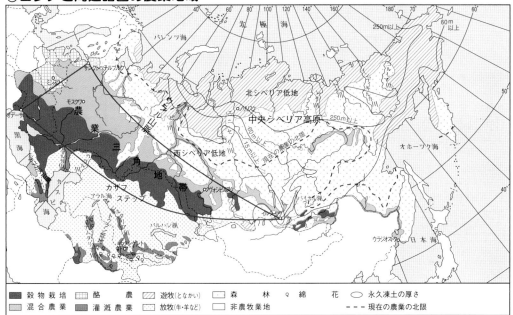

穀物栽培　酪農　遊牧(となかい)　森林　綿花　永久凍土の厚さ
混合農業　灌漑農業　放牧(牛・羊など)　非農牧業地　- - - 現在の農業の北限

⑤ロシアと周辺諸国の鉱工業

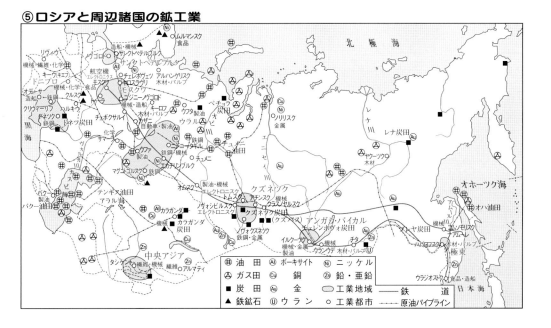

① アングロアメリカの地形と気候

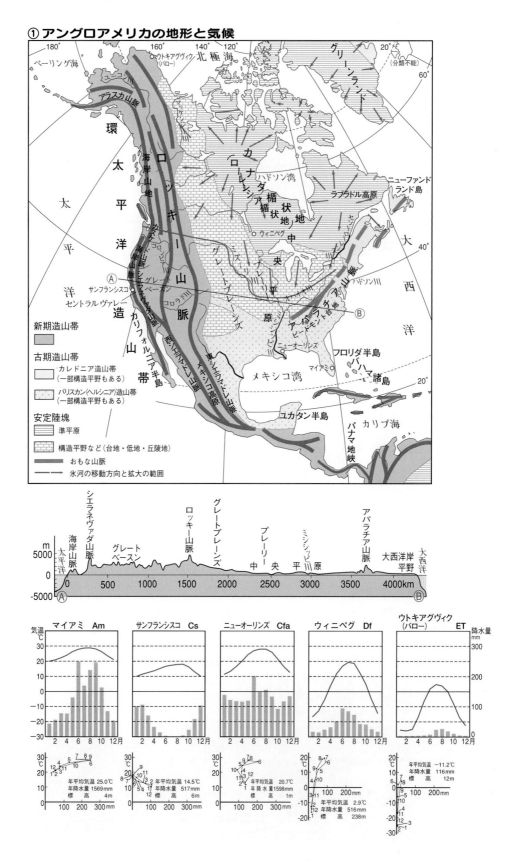

②アングロアメリカの民族分布

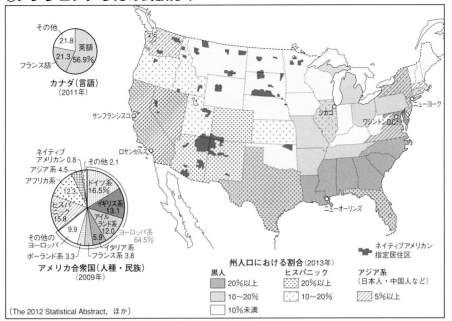

その他 21.8
英語 56.9%
フランス語 21.3
カナダ（言語）
（2011年）

ネイティブアメリカン指定居住区

州人口における割合（2013年）

黒人
20%以上
10〜20%
10%未満

ヒスパニック
20%以上
10〜20%

アジア系（日本人・中国人など）
5%以上

ネイティブアメリカン 0.8
その他 2.1
アジア系 4.5
アフリカ系 12.3
ヒスパニック 15.8
その他のヨーロッパ 9.9
ポーランド系 3.3
ドイツ系 16.5%
イギリス系 13.1
アイルランド系 12.0
イタリア系 5.9
フランス系 3.8
ヨーロッパ系 64.5%

アメリカ合衆国（人種・民族）
（2009年）

〔The 2012 Statistical Abstract, ほか〕

③アメリカ合衆国への移民の推移

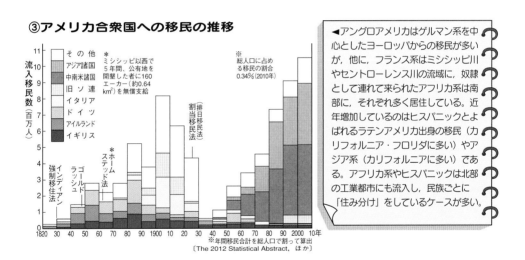

流入移民数（百万人）

その他
アジア諸国
中南米諸国
旧ソ連
イタリア
ドイツ
アイルランド
イギリス

※ミシシッピ以西で5年間、公有地を開墾した者に160エーカー（約0.64km²）を無償支給

※総人口に占める移民の割合 0.34%（2010年）

インディアン強制移住法
ゴールドラッシュ
※ホームステッド法
排日移民法
割当移民法

※年間移民合計を総人口で割って算出
〔The 2012 Statistical Abstract, ほか〕

◀アングロアメリカはゲルマン系を中心としたヨーロッパからの移民が多いが, 他に, フランス系はミシシッピ川やセントローレンス川の流域に, 奴隷として連れて来られたアフリカ系は南部に, それぞれ多く居住している。近年増加しているのはヒスパニックとよばれるラテンアメリカ出身の移民（カリフォルニア・フロリダに多い）やアジア系（カリフォルニアに多い）である。アフリカ系やヒスパニックは北部の工業都市にも流入し, 民族ごとに「住み分け」をしているケースが多い。

④アメリカ合衆国の人口増加率とおもな都市の人種・民族構成

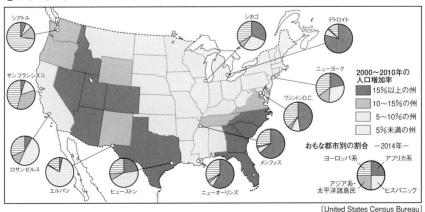

2000〜2010年の人口増加率
15%以上の州
10〜15%の州
5〜10%の州
5%未満の州

おもな都市別の割合 －2014年－
ヨーロッパ系
アフリカ系
アジア系・太平洋諸島民
ヒスパニック

〔United States Census Bureau〕

①アメリカ合衆国のおもな農産物の州別生産 (2019年)

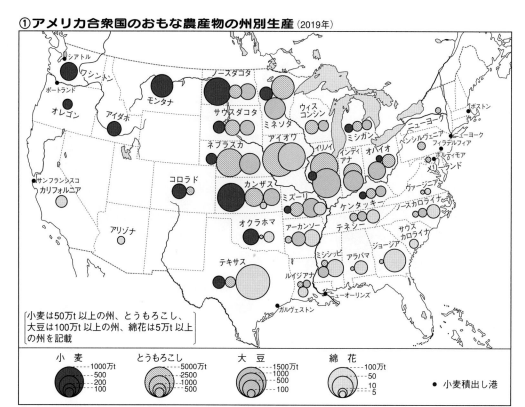

小麦は50万t以上の州、とうもろこし、
大豆は100万t以上の州、綿花は5万t以上
の州を記載

小麦 1000万t
500
200
100

とうもろこし 5000万t
2500
1000
500

大豆 1500万t
1000
500
100

綿花 100万t
50
10
5

● 小麦積出し港

〔USDA National Agricultural Statistic Service〕

②北アメリカの農牧業地域

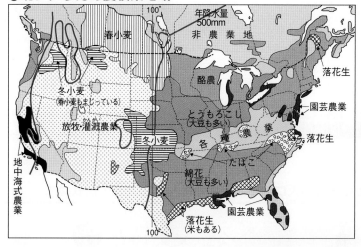

◀年降水量500mmの線（ほぼ
西経100°の線と一致）以東の湿
潤地域では、北から酪農（氷食
によるやせ地）、コーンベルト
（肥沃なプレーリー土が分布）、
コットンベルトが連なる。
　以西の乾燥地域では牧畜や
灌漑農業が卓越する。年降水量
500mm付近には春小麦・冬小
麦地域が広がる。

③綿花栽培地の変化

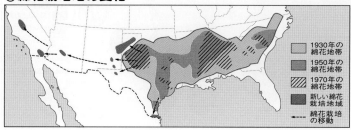

1930年の
綿花地帯

1950年の
綿花地帯

1970年の
綿花地帯

新しい綿花
栽培地域

綿花栽培
の移動

◀かつてはアパラチア山脈南東
部からミシシッピ川流域が主産
地であったが、連作障害による
地力の低下に伴い、灌漑の整っ
たテキサス・カリフォルニア州
などに主産地は移動した。

④アメリカ合衆国の牛・豚の州別飼育頭数 (2019年)

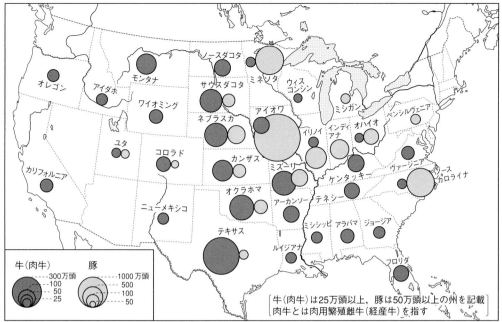

牛 (肉牛)
― 300万頭
― 100
― 50
― 25

豚
― 1000万頭
― 500
― 100
― 50

[牛 (肉牛) は25万頭以上, 豚は50万頭以上の州を記載
肉牛とは肉用繁殖雌牛 (経産牛) を指す]

〔USDA National Agricultural Statistic Service〕

⑤北アメリカの地下資源

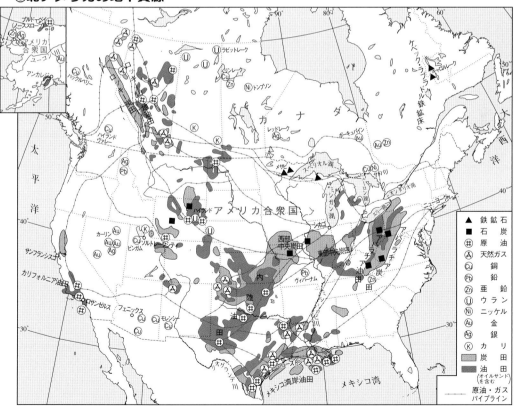

▲ 鉄鉱石
■ 石　炭
⊞ 原　油
Ⓐ 天然ガス
Ⓒ 銅
Ⓟ 鉛
Ⓩ 亜　鉛
Ⓤ ウラン
Ⓝ ニッケル
Ⓐ 金
Ⓐ 銀
Ⓚ カ　リ
炭　田
油　田 (オイルサンドを含む)
― 原油・ガスパイプライン

①アングロアメリカの工業

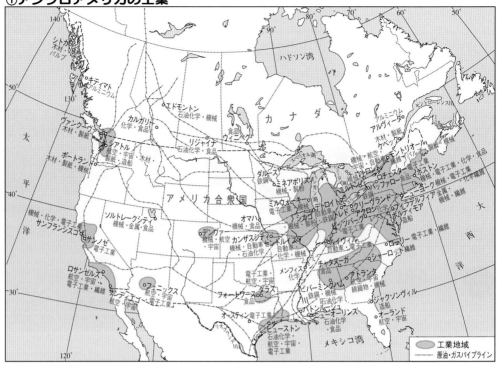

〔アメリカ商務省資料，ほか〕

▼1970年代以降，北緯37°以南のサンベルトに工業・人口が移動するようになった。五大湖周辺のスノーベルトが，①資源（特に鉄鉱）の枯渇，②労働コストの上昇，③基幹産業が日本などと競合，などの理由で不振に陥ったのに対し，サンベルトは①石油に恵まれ，②広い土地や低賃金労働力が豊富で，③国や州の地域振興政策があったためである。先端産業も多くが南部に立地した。このため人口も南部に移動する傾向が見られた。

USMCA（米国・メキシコ・カナダ協定）各国の貿易相手国
（輸出入合計）

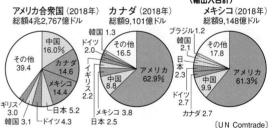

アメリカ合衆国（2018年）
総額4兆2,767億ドル

中国 16.0%
その他 39.4
カナダ 14.6
メキシコ 14.4
イギリス 3.0
韓国 3.1
ドイツ 4.3
日本 5.2

カナダ（2018年）
総額9,101億ドル

韓国 1.3
ドイツ 2.0
その他 16.5
アメリカ 62.9%
中国 8.8
イギリス 2.2
メキシコ 3.8
日本 2.5

メキシコ（2018年）
総額9,148億ドル

ブラジル 1.2
韓国 2.1
日本 2.3
その他 17.8
アメリカ 61.3%
中国 9.9
ドイツ 2.7
カナダ 2.7

〔UN Comtrade〕

② エレクトロニクス産業の分布と サンベルトに集まる産業

1977年～87年の製造業雇用者数の変化
- 30%以上増加
- 20～30%
- 10～20%
- 0～10%
- 減　少

おもな先端産業集積地
- ⚕ 医療・環境科学・バイオ産業
- ▣ コンピュータ・ソフトウェア産業
- ⬛ 情報・通信産業
- ■ IC（集積回路）
- ✈ 航空機・宇宙産業

〔アメリカ商務省資料，ほか〕

③おもな州の工業出荷の内訳

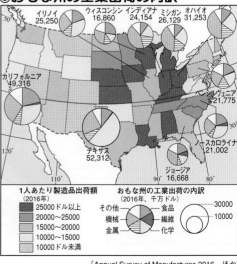

イリノイ 25,250
ウィスコンシン 16,860
インディアナ 24,154
ミシガン 26,129
オハイオ 31,253
カリフォルニア 49,316
ペンシルヴェニア 21,775
ノースカロライナ 21,002
テキサス 52,312
ジョージア 16,668

1人あたり製造品出荷額（2016年）
- 25000ドル以上
- 20000～25000
- 15000～20000
- 10000～15000
- 10000ドル未満

おもな州の工業出荷の内訳
（2016年，千万ドル）
その他／食品／繊維／化学／金属／機械
30000／10000

〔Annual Survey of Manufactures 2016，ほか〕

①ラテンアメリカの地形と気候

②アンデスの作物と植生

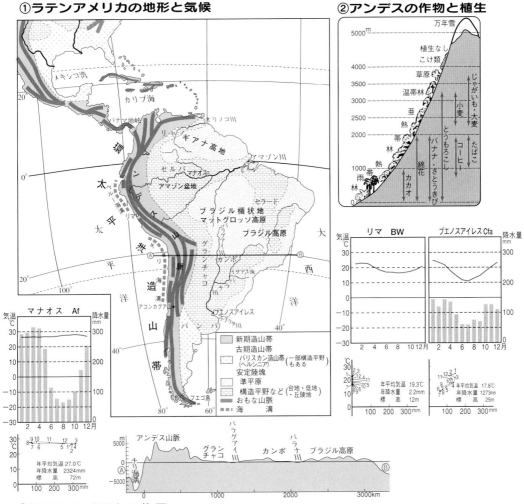

新期造山帯
古期造山帯
バリスカン造山帯（一部構造平野もある）（ヘルシニア）
安定陸塊
準平原
構造平野など（台地・低地・丘陵地）
おもな山脈
海溝

万年雪
植生なし
こけ類
草原
温帯林
亜熱帯林
熱帯林
熱帯雨林

じゃがいも・大麦
小麦
とうもろこし
バナナ・さとうきび
綿花
カカオ
コーヒー
たばこ

リマ BW
年平均気温 19.3℃
年降水量 2.2mm
標高 12m

ブエノスアイレス Cfa
年平均気温 17.8℃
年降水量 1273mm
標高 25m

マナオス Af
年平均気温 27.0℃
年降水量 2324mm
標高 72m

アンデス山脈　グランチャコ　カンポ　ブラジル高原

③ラテンアメリカの住民

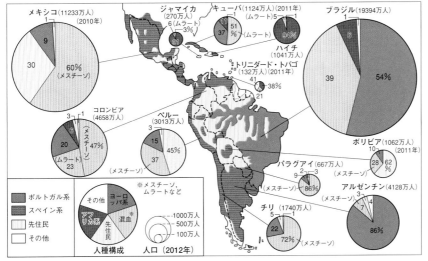

メキシコ（11233万人）（2010年） 60%（メスチーソ）
ジャマイカ（270万人）
キューバ（1124万人）（2011年） 94%
ハイチ（1041万人）
ブラジル（19394万人） 54%
トリニダード・トバゴ（132万人）（2011年）
コロンビア（4658万人） 47%（メスチーソ）
ペルー（3013万人） 45%（メスチーソ）
ボリビア（1062万人）（2011年） 62%（メスチーソ）
パラグアイ（667万人） 86%（メスチーソ）
アルゼンチン（4128万人） 86%
チリ（1740万人） 72%（メスチーソ）

ポルトガル系
スペイン系
先住民
その他

人種構成
その他　ヨーロッパ系　アフリカ系　先住民　混血
人口（2012年）
※メスチーソ，ムラートなど
1000万人　500万人　100万人

◀ヨーロッパ系は温帯に，アフリカ系はカリブ海など熱帯に多く，先住のインディオはアマゾン川流域やアンデス山中に多い。
他は多くが混血で，メスチーソ（先住民とヨーロッパ系の混血）や，カリブ海島嶼部やブラジルなどプランテーションが発達した地域ではムラート（ヨーロッパ系とアフリカ系の混血）が多い。

①パンパの土地利用

▼パンパでは，年降水量550mm
の線付近で小麦栽培が，以東の
湿潤パンパで大豆・とうもろこ
し栽培や牧牛（混合農業）が，以
西の乾燥パンパで牧羊が，それ
ぞれ卓越する。

放牧
年降水量
550mm   0   300km

	小麦
	とうもろこし
	放牧
⁞	牛 ⁞⁞ 羊
	その他

②ラテンアメリカの農業

記号	作物
♈	バナナ
◖	コーヒー
○	カカオ
◔	綿花
↑	さとうきび
↑	ぶどう
Y	小麦
○	大豆
●	肉牛
	おもなプランテーション

③メキシコのマキラドーラ

▼マキラドーラは，1960年代後
半に始まったメキシコの保税制度
で，その認定を受けた工場はアメ
リカ合衆国との国境に沿って多く
分布する。アメリカ合衆国から部
品を輸入し，メキシコの低賃金労
働力で組み立て，製品をアメリカ
合衆国へ輸出している。NAFTA
発効後は，制度改革により，マキ
ラドーラを含む輸出産業の振興措
置がとられている。

④ラテンアメリカの地下資源

記号	資源	記号	資源
■	炭田	Au	金
⊕	油田	Ag	銀
⊞	ガス田	Cu	銅
▲	鉄鉱石	Pb	鉛
Sn	すず	Zn	亜鉛
Mn	マンガン		原油パイ
Al	ボーキサイト		プライン
Ni	ニッケル		

●100社以上
●50～100社
・50社未満
●50～100社
・50社未満
（上記の国境ぞいの都市の企業数を除く）
国境ぞいの都市におけるマキラドーラの認可を受けた企業数
州ごとのマキラドーラの認可を受けた企業数

①オーストラリア・ニュージーランドの地形と気候

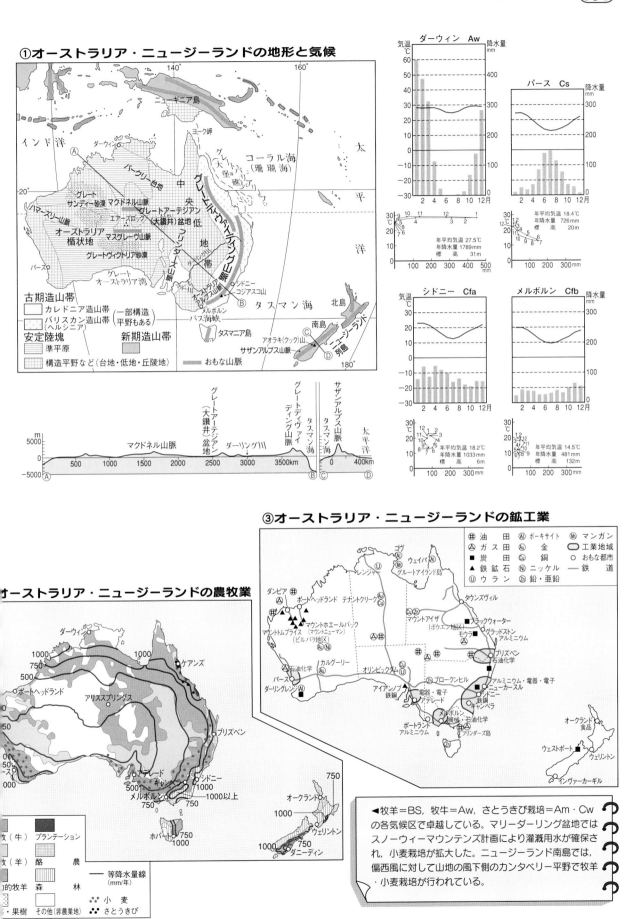

ダーウィン Aw
年平均気温 27.5℃
年降水量 1789mm
標高 31m

パース Cs
年平均気温 18.4℃
年降水量 726mm
標高 20m

シドニー Cfa
年平均気温 18.2℃
年降水量 1033mm
標高 6m

メルボルン Cfb
年平均気温 14.5℃
年降水量 481mm
標高 132m

古期造山帯
カレドニア造山帯
バリスカン造山帯（ヘルシニア）

安定陸塊
準平原
構造平野など（台地・低地・丘陵地）

一部構造平野もある

新期造山帯

おもな山脈

③オーストラリア・ニュージーランドの鉱工業

⊕ 油 田　Ⓐl ボーキサイト　Ⓜ マンガン
Ⓐ ガス田　Ⓐu 金　⬭ 工業地域
■ 炭 田　Cu 銅　○ おもな都市
▲ 鉄鉱石　Ⓝ ニッケル　── 鉄道
Ⓤ ウラン　Zn 鉛・亜鉛

オーストラリア・ニュージーランドの農牧業

牧（牛）　プランテーション
牧（羊）　酪農
的牧羊　森林
果樹　その他（非農業地）
小麦
さとうきび

等降水量線（mm/年）

◀牧羊＝BS, 牧牛＝Aw, さとうきび栽培＝Am・Cw の各気候区で卓越している。マリーダーリング盆地ではスノーウィーマウンテンズ計画により灌漑用水が確保され, 小麦栽培が拡大した。ニュージーランド南島では, 偏西風に対して山地の風下側のカンタベリー平野で牧羊・小麦栽培が行われている。

①気象衛星ひまわりの画像（冬）と日本周辺の冬季の気団・前線・季節風

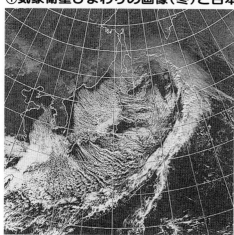

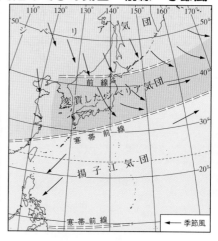

◀寒冷・乾燥のシベリア気団が日本海を渡る間，暖流の対馬海流から熱や水蒸気の補給を受け雲が発生し，これが日本列島にぶつかると，風上側の日本海側に大雪をもたらす

②気象衛星ひまわりの画像（梅雨）と日本周辺の梅雨季の気団・前線・季節風

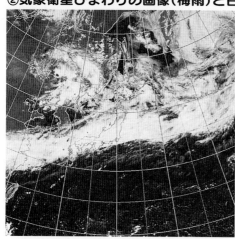

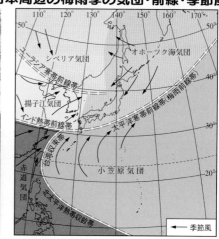

◀小笠原気団とオホーツク海気団（ここから吹く北東風がやませ）との間で梅雨前線が形成され，これに相当する雲が東西に伸びている。

③気象衛星ひまわりの画像（夏季・台風）

▲梅雨前線は北上し，小笠原気団に日本は覆われている。

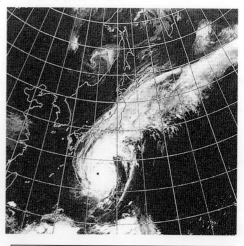

▲秋雨前線の雲が東西に伸び，台風の反時計回りの雲がこれにつながっている。

④気候区と季節風

1:31 000 000

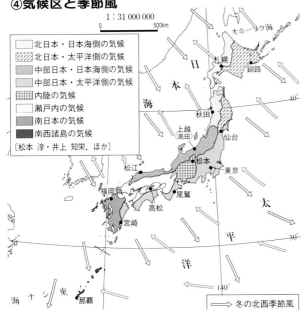

- 北日本・日本海側の気候
- 北日本・太平洋側の気候
- 中部日本・日本海側の気候
- 中部日本・太平洋側の気候
- 内陸の気候
- 瀬戸内の気候
- 南日本の気候
- 南西諸島の気候

〔松本 淳・井上 知栄, ほか〕

⇒ 冬の北西季節風
⇒ 夏の南東季節風

⑤おもな都市の気温と降水量

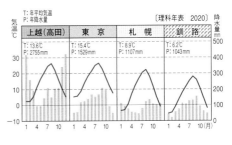
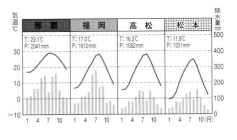

〔理科年表 2020〕

T：年平均気温　P：年降水量

上越(高田) T:13.6℃ P:2755mm
東京 T:15.4℃ P:1529mm
札幌 T:8.9℃ P:1107mm
釧路 T:6.2℃ P:1043mm

那覇 T:23.1℃ P:2041mm
福岡 T:17.0℃ P:1612mm
高松 T:16.3℃ P:1082mm
松本 T:11.8℃ P:1031mm

⑥日本の人口推移

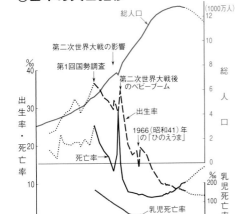

〔国立社会保障・人口問題研究所資料〕

⑦日本の人口ピラミッド (2019年10月1日現在)

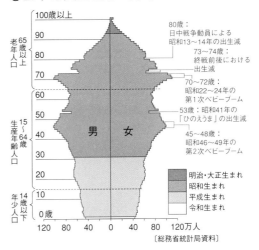

〔総務省統計局資料〕

⑧日本における年齢構成の変化

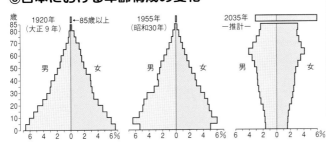

◄▲戦前は多産多死型であったが，戦後は多産少死→少産少死へと変わっていった。人口ピラミッドは富士山型→ピラミッド型→つりがね型と変化しており，詳しく見ると，二度のベビーブームや迷信・戦争の影響が現われている特殊な型になっている。今後は一層の高齢化が予測されている。

①三大都市圏と地方圏間の人口移動

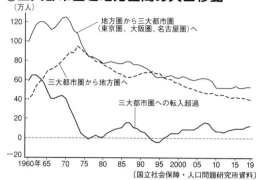

〔国立社会保障・人口問題研究所資料〕

②日本の産業別人口構成の推移

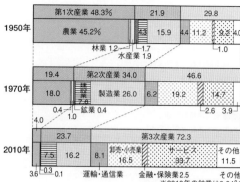

※2010年の鉱業は0.04％
〔平成22年国勢調査，ほか〕

▲高度成長期に地方から三大都市圏への流入が目立ったが，石油危機後はUターン・Jターン現象など地方への人口の還流が目立った。

③三大都市圏（50km圏）の人口増加率

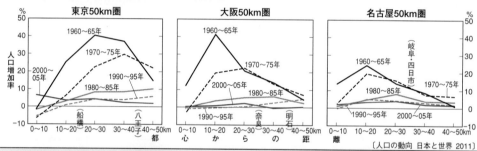

〔人口の動向 日本と世界 2011〕

▲高度経済成長期半ば以後，地価の高騰により都心部で人口が減少し郊外で増加するドーナツ化現象がみられ，増加率の最も高い地帯が次第に外側へ移動した。1990年代以後，バブル崩壊後の地価下落に伴う都心回帰現象により都市部の人口増加率がプラスに転じる一方，外縁部では人口が停滞し，減少地区もみられるようになった。

④日本の都道府県別人口増加率の推移

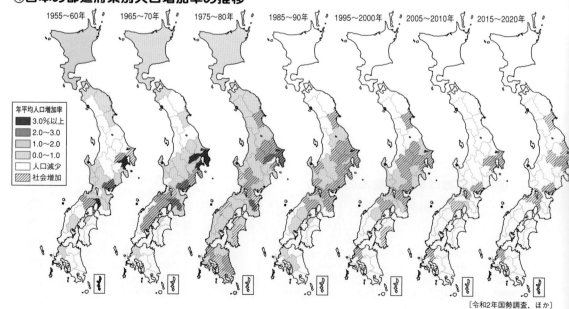

〔令和2年国勢調査，ほか〕

⑤日本の農業総産出額の構成と変化

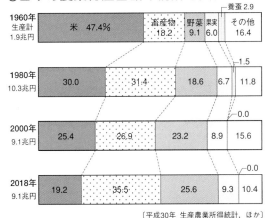

	米	畜産物	野菜	果実	養蚕	その他
1960年 生産計 1.9兆円	米 47.4%	18.2	9.1	6.0	2.9	16.4
1980年 10.3兆円	30.0	31.4	18.6	6.7	1.5	11.8
2000年 9.1兆円	25.4	26.9	23.2	8.9	0.0	15.6
2018年 9.1兆円	19.2	35.5	25.6	9.3	0.0	10.4

〔平成30年 生産農業所得統計，ほか〕

▲1961年の農業基本法以降，野菜・果実などの生産が増えた。1970年以降は食生活の変化もあり，米の割合が低下した。

⑥農業就業者数・農家戸数と兼業の推移

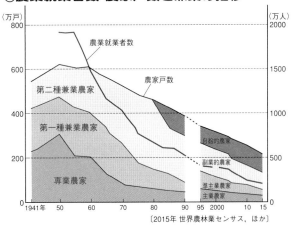

〔2015年 世界農林業センサス，ほか〕

▲1960年ごろから農家数・農業就業人口とも減少を続けている。1995年より分類の基準が変更になった。

⑦日本の農産品別自給率の推移

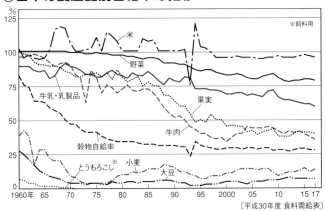

〔平成30年度 食料需給表〕

◀1960年代後半の米の生産過剰を背景に1970年に減反政策が実施された。1991年には牛肉・オレンジの輸入自由化が実施され，牛肉・果実の自給率は低下した。1993年の米の自給率の低下は冷害によるもので，その後，米の輸入も一部自由化が進んだ。

⑧工業出荷額の内わけと変化

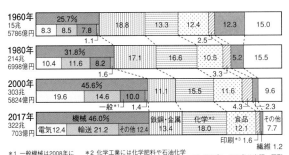

1960年 15兆 5786億円	25.7%	8.3	8.5	7.8	18.8	13.3	12.4	12.3	15.0
1980年 214兆 6998億円	31.8%	10.4	11.6	8.2	17.1	16.6	10.5	5.2	15.5
2000年 303兆 5824億円	45.6%	19.6	14.6	10.0	11.1	15.5	11.6		9.6
2017年 322兆 703億円	機械46.0% 電気12.4 輸送21.2 その他12.4		鉄鋼・金属 13.4	化学*2 18.0	食品 12.1	その他 7.7		

印刷*3 1.6　繊維 1.2

*1 一般機械は2008年に分類変更のため，削除。
*2 化学工業には化学肥料や石油化学製品，油脂製品，石けん・合成洗剤，化粧品などが含まれる。
*3 1960年，1980年は出版・印刷

〔平成30年 工業統計表，ほか〕

▲高度経済成長期の1960年代は機械工業や，鉄鋼・金属工業など「重厚長大」型の工業が中心であったが，1970年代の石油危機以降は家電や電子部品・デバイス・電子回路などの「軽薄短小」型の電気機械，自動車などの輸送用機械が日本の工業を牽引してきた。近年は，高度な技術を活かして付加価値の高い製品を生み出す生産用・業務用機械など，その他の機械の分野も成長している。

⑨日本の地域別工業出荷額の割合の変化

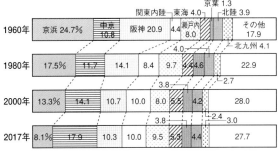

	京浜	中京	阪神	関東内陸	東海	瀬戸内	京葉	北陸	北九州	その他
1960年	京浜 24.7%	中京 10.8	阪神 20.9	4.4	4.0	8.0	1.3	3.9	4.1	その他 17.9
1980年	17.5%	11.7	14.1	8.4	9.7	4.4	4.6		4.0	22.9
2000年	13.3%	14.1	10.7	10.0	8.0	5.5	4.2		3.8 2.7	28.0
2017年	8.1%	17.9	10.3	10.0	9.5	5.3	4.4		3.8 2.4 3.0	27.7

・京浜…東京・神奈川
・阪神…大阪・兵庫
・瀬戸内…岡山・広島・山口・香川・愛媛
・京葉…千葉
・北九州…福岡
・中京…愛知・三重
・関東内陸…栃木・群馬・埼玉
・東海…静岡
・北陸…新潟・富山・石川・福井

〔平成30年 工業統計表，ほか〕

▲1960年と比べると1980年以降は，自動車工業の比率が高い中京と，電気機械・自動車の比率が高い東海や関東内陸の割合が高くなり，それらの比率の低い阪神と北九州の割合は低下したが，北九州は自動車工場の立地でやや回復した。

①日本の工場の業種別分布

・おもな製鉄所（2019年）
（銑鋼一貫工場）

▲製鉄所は，生産設備過剰のため，新鋭の工場に統合されつつある。

・おもな自動車工場（2020年）
（組立工場）

▲自動車工場は，関連工業が発達し，労働力も得やすいところに立地しやすい。

・おもなビール工場（2019年）

▲ビールの生産には，どこでも入手可能な水が大量に使われるため，製品の輸送費を安くできる大消費地の近くに立地するものが多い。

・おもな石油化学コンビナート（2019年）
（エチレンセンター）

▲石油化学コンビナートは，広大な敷地と大量の工業用水が得られ，石油の輸入に便利な太平洋や瀬戸内の臨海部に立地している。

・おもなセメント工場（2017年）

▲セメントの主原料の石灰石は産地が特定の場所に限られ，製品よりも原料の重量が大きいため，工場は原料産地に立地するものが多い。

・おもなIC関連工場（2010年）

▲IC工場は研究開発の中心である関東地方の他，安価な労働力が得られ，輸送に便利な地方の空港近くに立地している。

〔日本鉄鋼連盟，日本自動車工業会資料，ほか〕

② 日本のエネルギー供給の推移

◀1960年代のエネルギー革命により石油がエネルギー消費の主役になり，70年代の石油危機後は石油の割合は低下している。

石炭 24.6　石油 44.7　天然ガス 22.3
水力 3.4%　原子力 0.4　その他 4.6
1MJ（メガジュール）＝239kcal
〔資源エネルギー庁資料，ほか〕

④ 新産業都市と工業整備特別地域

▶全国総合開発計画（1962年）にもとづき，15地域が新産業都市に，既存の工業地帯に隣接する6地域が工業整備特別地域に指定され，工業開発の拠点とされた。

③ 外国人労働者

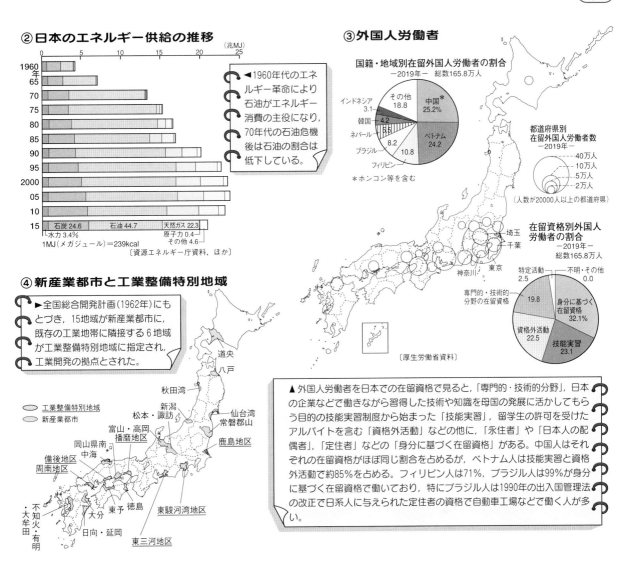

国籍・地域別在留外国人労働者の割合
ー2019年ー　総数165.8万人
その他 18.8　中国* 25.2%　ベトナム 24.2
フィリピン　ブラジル 10.8　ネパール 8.2　韓国 4.2　インドネシア 3.1
＊ホンコン等を含む

都道府県別在留外国人労働者数
ー2019年ー
40万人／10万人／5万人／2万人
（人数が20000人以上の都道府県）

在留資格別外国人労働者の割合
ー2019年ー　総数165.8万人
特定活動 2.5　不明・その他 0.0
専門的・技術的分野の在留資格 19.8　身分に基づく在留資格 32.1%
資格外活動 22.5　技能実習 23.1
〔厚生労働省資料〕

▲ 外国人労働者を日本での在留資格で見ると，「専門的・技術的分野」，日本の企業などで働きながら習得した技術や知識を母国の発展に活かしてもらう目的の技能実習制度から始まった「技能実習」，留学生の許可を受けたアルバイトを含む「資格外活動」などの他に，「永住者」や「日本人の配偶者」，「定住者」などの「身分に基づく在留資格」がある。中国人はそれぞれの在留資格がほぼ同じ割合を占めるが，ベトナム人は技能実習と資格外活動で約85%を占める。フィリピン人は71%，ブラジル人は99%が身分に基づく在留資格で働いており，特にブラジル人は1990年の出入国管理法の改正で日系人に与えられた定住者の資格で自動車工場などで働く人が多い。

⑤ おもな工業地域

1970年ごろの工業地域
現在の工業地域
0　200km

北陸工業地域（新潟・富山・福井・石川）
関東内陸工業地域（群馬・栃木・埼玉）
瀬戸内工業地域（山口・広島・岡山・愛媛・香川）
京浜工業地帯（東京・神奈川）
京葉工業地域（千葉）
東海工業地域（静岡）
北九州工業地帯（福岡）
太平洋ベルト
阪神工業地帯（大阪・兵庫）
中京工業地帯（愛知・三重）

⑥ おもな工業地域別工業生産の内わけ（2017年）

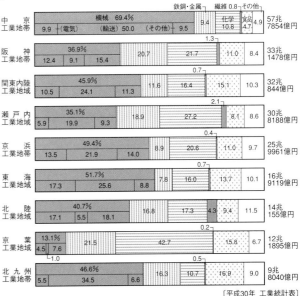

	機械	鉄鋼・金属	化学	繊維 0.8	食品	その他	合計
中京工業地帯	69.4%（電気 9.9／輸送 50.0／その他 9.5）	9.4	10.8		4.7	4.9	57兆7854億円
阪神工業地帯	36.9%（12.4／9.1／15.4）	20.7	21.7	1.3	11.0	8.4	33兆1478億円
関東内陸工業地域	45.9%（10.5／24.1／11.3）	11.6	16.4	0.7	15.1	10.3	32兆844億円
瀬戸内工業地域	35.1%（5.9／19.9／9.3）	18.9	27.2	2.1	8.1	8.6	30兆8188億円
京浜工業地帯	49.4%（13.5／21.9／14.0）	8.9	20.6	0.4	11.0	9.7	25兆9961億円
東海工業地域	51.7%（17.3／25.6／8.8）	7.8	16.0	0.7	13.7	10.1	16兆9119億円
北陸工業地域	40.7%（17.1／5.5／18.1）	16.8	17.3	4.3	9.4	11.5	14兆155億円
京葉工業地域	13.1%（4.5／7.6／21.5）	42.7		0.2	15.8	6.7	12兆1895億円
北九州工業地帯	46.6%（5.5／34.5／6.6）	16.3	10.7	1.0 0.5	16.9	9.0	9兆8040億円

〔平成30年 工業統計表〕

①日本の原子力・地熱・風力発電所の分布

発電量の推移

（10億 kWh）

合計 1000.4

その他 2.8%
原子力 6.2
水力

火力 82.3

〔電気事業便覧 2019年版、ほか〕

（2010年）

- ● 原子力発電所※
- ☆ 地熱発電所（1万kW以上）
- ♠ 風力発電所（2万kW以上）

※2011年3月11日　東日本大震災による福島第一原子力発電所の事故の影響により運転停止中のものが多い。

②日本各地の公害

- 大気汚染のはげしい地域
- 水質汚濁のはげしい河川
- 水質汚濁のはげしい湖沼

国の認定した公害病
赤数字は被認定患者数

1000人未満　　1000～10000　　10000人以上

四大公害病

（2018年12月末現在の全患者数32,680人）

〔環境白書 令和元年版〕

第2水俣病（阿賀野川下流域）141人
イタイイタイ病（神通川下流域）
ぜんそく（倉敷市周辺）4人
まん性ひ素中毒症（笹ヶ谷）2人
ぜんそく（備前）25人
伊豆沼
手賀沼・牛久沼
北浦・印旛沼・中川
綾瀬川
ぜんそく（北九州）769人
ぜんそく（大牟田）614人
鶴見川
ぜんそく（富士）349人
ぜんそく（東京湾周辺）14,959人
水俣病（水俣湾沿岸）343人
まん性ひ素中毒症（土呂久）48人
ぜんそく（大阪湾周辺）11,951人
四日市ぜんそく（伊勢湾周辺）2,457人

③日本のナショナルトラスト運動

▶自然環境や文化財を守るため、多くの人が少しずつ基金を出し、それらを買い取ることによって保存する運動を**ナショナルトラスト運動**という。

オホーツクの村
知床100㎡運動
霧多布湿原
鶴居・伊藤タンチョウサンクチュアリ
前田一歩園の森
ウトナイ湖サンクチュアリ
オオセッカ村づくり

天神川立木トラスト
信太山の自然と文化財
妻籠宿町並み
大平宿
足利学校跡
鷲城・祇園城跡
川越蔵造りの町並み
見沼田んぼ
旧佐倉藩主別邸
鎌倉風致保存
柿田川湧水
天神崎
トンボ王国池田谷
美々津の町並み
ヤンバルの森林

④ラムサール条約登録湿地と世界遺産

▶**ラムサール条約**　国際的に貴重な湿地を登録・保全する目的で採択されたのがラムサール条約（「特に水鳥の生息地として国際的に重要な湿地に関する条約」が正式名）である。日本では53か所が登録され、第5回締約国会議が93年釧路で開催された。

▶**世界遺産条約**　各国政府が貴重な文化財・自然を示し、破壊から守るための世界遺産条約であり、国際的な監視の下で、世界遺産基金により保護が進められている。

クッチャロ湖
サロベツ原野
清沸湖　知床
野付半島・野付湾
雨竜沼湿原
宮島沼
阿寒湖
風蓮湖・春国岱
霧多布湿原
厚岸湖・別寒辺牛湿原
大沼
ウトナイ湖
釧路湿原

※2 北海道・北東北の縄文遺跡群
白神山地
立山弥陀ヶ原・大日平
仏沼
平泉
伊豆沼・内沼
志津川湖
蕪栗沼・周辺水田
化女沼
尾瀬
奥日光の湿原
日光の社寺
富岡製糸場
渡良瀬遊水地
谷津干潟
葛西海浜公園
国立西洋美術館
富士山

白川郷・五箇山の合掌造り集落
中池見湿地
古都京都
中海
三方五湖
姫路城
琵琶湖
片野鴨池
宇野辺田
古都奈良
法隆寺
東海丘陵湧水湿地群
藤前干潟

※1 小笠原諸島

くじゅう坊ガツル・タデ原湿原
秋吉台地下水系
石見銀山
宮島
厳島神社
紀伊山地の霊場と参詣道

長崎と天草地方の潜伏キリシタン関連遺産
沖ノ島
荒尾干潟
肥前鹿島干潟
東よか干潟
菌生・天然記念物

明治日本の産業革命遺産 ※1
出水ツルの越冬地
屋久島永田浜
百舌鳥・古市古墳群
蘭牟田池
串本沿岸海域

名蔵アンパル
与那覇湾
久米島の渓流・湿地
漫湖
慶良間諸島海域
屋久島
琉球王国のグスク

（2021年現在）

- ● ラムサール登録湿地
- ■ 世界自然遺産
- ▲ 世界文化遺産

※1　構成資産はこのほか、岩手県、静岡県、山口県、福岡県、熊本県、佐賀県、長崎県、鹿児島県内に所在。
※2　構成資産はこのほか、北海道、青森県、岩手県、秋田県内に所在。
※1　奄美大島、徳之島、沖縄島北部及び西表島

〔UNESCO資料、ほか〕

扇状地　　　養老山地東麓　　　　　　　　　　　　　　1：25 000　　　養 老

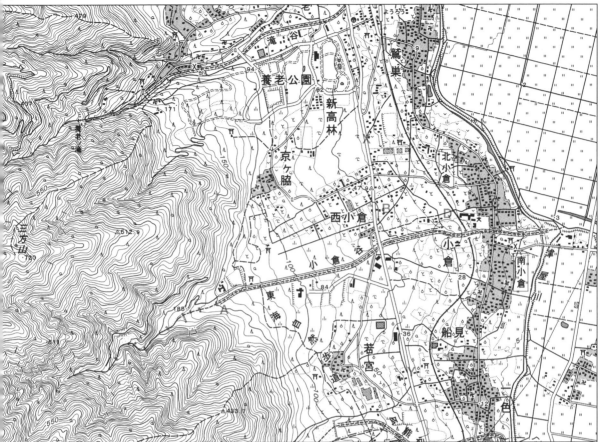

作業

. 水田を黄，果樹園を桃，桑畑を橙で着色せよ。

. 20m，40m，60m，80mの等高線を赤でたどれ。

. 津屋川の流路を青でたどれ。

. X－Y間の道路に沿った断面図を描け。

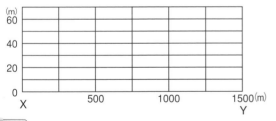

読図

. A～C地点を何というか。

A　　　　　　　B　　　　　　　C

. 北小倉，南小倉の集落にはどのような立地上の特徴が
あるか。

. 鉄道が大きくカーブしているのはなぜか。

. 津屋川の流路にはどのような特徴があるか。

解説

　扇状地は，山間部を流れていた河川が山地から平野に流れ出る谷口に形成される。扇状地は礫などの粗粒堆積物からなり，河川水は地下に浸透し水無川となることが多く，図の小倉谷も「かれ川」の記号で示され普段は水が流れていないことがわかる。浸透した水は地下水（伏流）となり，扇状地の堆積物が途絶える扇端（C）には湧水帯が形成され，集落が立地しやすい。地図では読めないが，南小倉の集落には湧水によって形成された池があり，底からきれいな水が湧き上がり，現在でも洗い場として利用されている。扇端に沿うように流路がみられる津屋川は，このような湧水を集めて流れている。

　水の得にくい扇央（B）には果樹園や桑畑がみられ，扇端より下流は水利に恵まれ，水田として利用されている。扇頂（A）より上流にせき（堰）の記号がいくつかみられるが，これは洪水時に下流に土砂が流出するのを防ぐための砂防ダムである。

　D付近で河川と等高線の交わり方を見ると，等高線が下流に向かって凸になっていることがわかる。このような河川は両側より高い所を流れる天井川である。鉄道が河川の下を通っているのも，小倉谷が天井川になっていることを示している。急勾配に弱い鉄道は等高線に沿うように大きくカーブしているが，扇央を南北に通る道路は坂を登り小倉谷の上を越えている。

氾濫原（自然堤防と後背湿地）

（はんらんげん）

信濃川下流　　　　　1：25 000　　　新潟南部

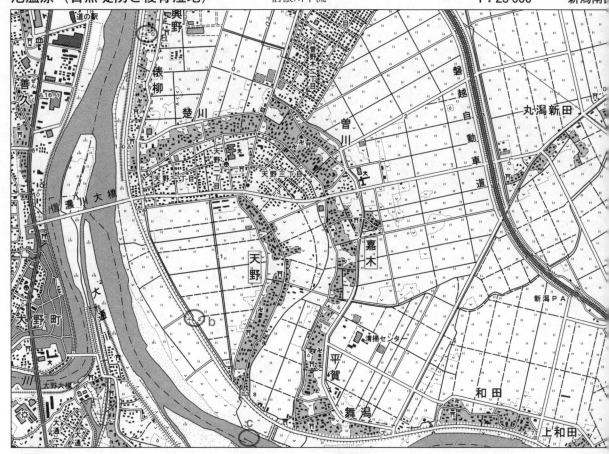

作業

1．畑を茶色，「樹木に囲まれた居住地」を緑で着色せよ。
2．0 mの等高線を赤でたどれ。
3．寺院・神社を紫の○で囲め。

読図

1．古くからの集落にはどのような立地上の特徴があるか。

2．曽野木二丁目の集落はどのような地形に立地しているか。

3．天野と嘉木の間にある水田はどのような地形にあたるか。

4．信濃川大橋の長さは何mか。

解説

信濃川下流の氾濫原（自然堤防帯）にあたる。樹木で囲まれ〔〕
神社や寺院などのある古くからの集落は，現在の流路沿い（〔〕
柳，舞潟，和田）や旧流路沿い（楚川，曽川，嘉木，平賀，天野〔〕
の自然堤防上の高燥地に立地しているが，新興の住宅地は後〔〕
湿地（曽野木二丁目）や旧流路（天野一丁目，天野二丁目，天野〔〕
三丁目）などに立地している。

信濃川は河川改修が進み，比高4 mほど（図のa・b）の堤防〔〕
で流路が固定されているが，かつては蛇行しながら氾濫を繰〔〕
返し，流路沿いに上流から運んできた砂などを堆積し，自然堤〔〕
防を形成してきた。古くからの集落は洪水の害を少しでも避け〔〕
るために，このような微高地に立地してきた。図の地域は新潟〔〕
市の郊外にあたり，近年宅地化が進んだが，新しい住宅団地は〔〕
低湿地に立地している場合が多い。曽野木二丁目の北部は海〔〕
高度が0mより低いことがわかる。堤防が決壊するようなこと〔〕
あれば，新興住宅地ほどその被害を受けやすい。新興住宅地は〔〕
一般に神社や寺院などがみられず，道路は直線的で道路に沿っ〔〕
て規則正しく家が並んでいる場合が多い。

土地利用では，低湿な後背湿地や旧河道が水田になってい〔〕
のに対し，高燥な自然堤防上はおもに畑となっている。

低平な氾濫原では，等高線が少なく河川の流れる方向がわか〔〕
りにくいことがあるが，このような場合は河川内に流水方向〔〕
示す矢印（C）が描かれる。

台地（洪積台地）　　下総台地　　　　　　　　　　　　　　　　　　　　1：25 000　　白井

谷田　向新田　戸神　武西　神崎川　小池　小野田町　車方町　神久保　真木野　佐山　神崎　大学町五丁目　大学町三丁目　大学町二丁目　大学町一丁目　秀明大学　大学町一丁目　平戸　ゴルフ場　八千代市　木戸場　菖蒲谷津　高堀　島田台　鈴身町　島田　印旛放水路（新川）　逆水　八千代橋　西帰久保　道の駅　米本団地　中山カントリークラブ　東帰久保　桑納

作業

. 20mの等高線を赤でたどれ。
. A－B間の断面図を描き、その上に土地利用記号を記せ。
. 「樹木で囲まれた居住地」を緑で着色せよ。
. 水田を黄で着色せよ。

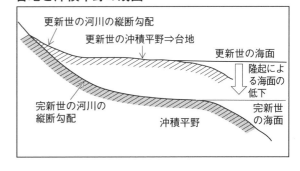

(m) 20 / 10 / 0　500　1000　1500　2000(m)
A　　　　　　　　　　　　　　　　　　　　　　B

解説

台地（洪積台地）は、更新世の堆積平野が隆起して形成されたもの
、その後、河川によって侵食された谷は、完新世に堆積が進み、
積平野となっている。図では、神崎川、印旛放水路（新川）沿いに
積平野が広がり、水田として利用されている。「樹木で囲まれた
住地」で示される集落は成立が古く、多くは台地と平野の境界（台
の崖下）に立地している。20mの等高線で示される台地の間に細
く樹枝状にのびる低地は、小河川が台地を刻んだ侵食谷で、水田
利用され、菖蒲谷津は侵食谷を示す地名である。台地と平野の境
の崖は利用できないため森林（針葉樹林）となっている。台地上は
が得にくいため畑や果樹園に利用され、向新田のように近世に成
した新田集落がみられる。近年は島田台や米本団地のような住宅
発やゴルフ場開発が進んでいる。

台地と沖積平野の成因

更新世の河川の縦断勾配
更新世の沖積平野⇒台地
更新世の海面
隆起による海面の低下
完新世の河川の縦断勾配
沖積平野
完新世の海面

河岸段丘　　沼田

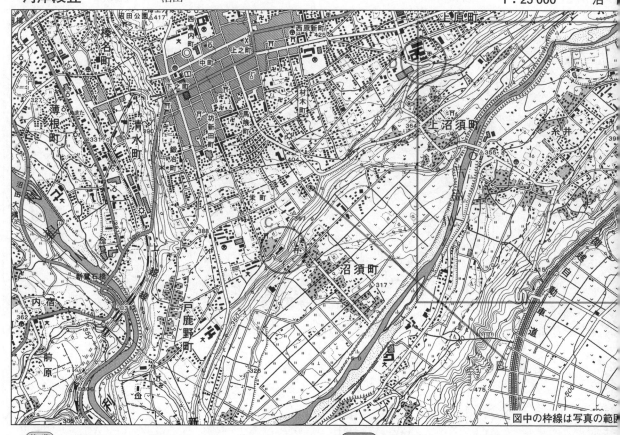

作業

1．A－B間の断面図を描け。
2．下の写真で黒っぽく示されるところは森林である。該
　当する部分を地形図中に緑で着色せよ。

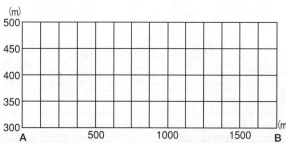

解説

　河岸段丘は，谷底平野が隆起を繰り返すたびに河川によっ
侵食され，以前の谷底平野が河川の両岸に階段状に取り残さ
てできた地形で，海岸段丘と同様に，平坦面は段丘面，急斜
は段丘崖と呼ばれる。段丘崖は森林（針葉樹林と広葉樹林）と
っており，段丘面は水利の違いによって水田，畑，桑畑，果
園などに利用されている。C，D付近では段丘崖の高さが50
前後に達するため，道路は屈曲している。利根川と片品川沿い
の段丘崖に挟まれた平坦面に立地する沼田の市街地は城下町
（城址は図の北側），材木町などの職人町やその西側に寺が集
った寺町，防御のために見通しを悪くするためのT字路やか
型食い違い路などの街路形態が読図できる。

河岸段丘の実体視

　2枚の写真は同じ範囲を，移動
る飛行機を使って異なる位置か
撮影したものである。
　左の写真は左の目から見た映
に相当し，右の写真は右の目か
見た映像に相当する。
　したがって，左の写真を左目で
右の写真を右目でじっと見つめ
と，やがてピントが合ってくる
ともに，地形や建物が立体的に
えてくる。（2枚の写真の間を，
がきなどで仕切ると見やすくなる

海岸段丘　　　　　室戸岬西部　　　　　　　　　　　　　　　　1：25 000　　羽根

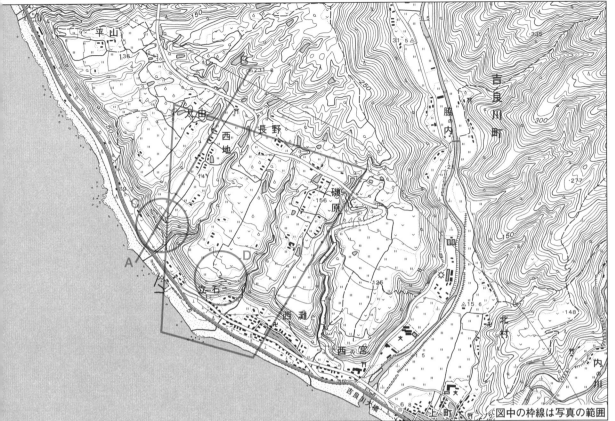

作業

1. 50m，100m，150mの等高線を赤でたどれ。
2. 水田を黄，畑を茶，果樹園を桃で着色せよ。
3. ため池を青で着色せよ。

読図

1. 国道の通る海岸沿いの平野の海抜高度は約何mか。

2. 海岸沿いの平野から急斜面を登ると，比高約何m上がったことになるか。

3. 台地面は，およそ海抜何mから何mぐらいまで続いているか。西地集落を北東から南西に貫く道路に沿って考えよ。

4. このような地形を何というか。

A－B間の地形断面図

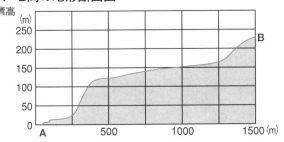

解説

　海岸段丘がよく発達している高知県室戸岬付近である。平山・西地・磯原付近に広がる海抜110〜170mの段丘面は，かつて海面付近で海水によって侵食されてできた海食台が隆起したものである。段丘面の手前の段丘崖は，海岸沿いの平野が海面付近にあったとき，海水によって侵食されてできた海食崖に相当する。一般に段丘面は水利条件に恵まれないが，ここでは，山地の谷をせき止めたため池を利用して水田が開かれている。段丘崖などの急傾斜地は森林におおわれ，段丘崖を登る道路（CやDなど）は，勾配を緩くするため，曲がりくねっている。

海岸段丘　　　　　　　　　　　　立石付近

砂州・陸繋島 （さす・りくけいとう）　　上甑島　　　1：50 000　　中甑

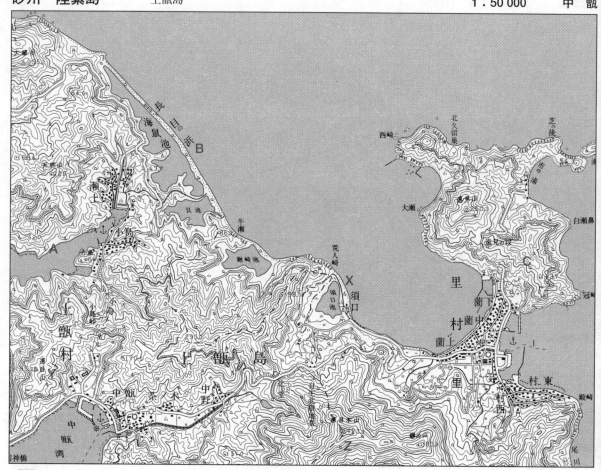

作業

1. 砂礫地を橙で，崖の記号を茶で着色せよ。
2. Xの須口池の集水域を赤で囲って斜線を ほどこせ。
3. Yの遠目山からZの遠目木山まで，尾根 すじを赤でたどれ。

読図

1. B付近の海鼠池など4つの池はどのように してできたものか。

2. 海鼠池など4つの池の地形，および，長 目の浜の地形を，それぞれ何というか。

3. Cの半島はどのようにしてできたものか。

4. 里村の薗上・薗中・薗下などの集落が立 地している地形を何というか。

解説

　上甑島の海岸は平地に乏しく，急な山地斜面が海にのぞんでいる。Aな どの湾は，山地の河食谷が沈水して形成されたおぼれ谷である。海に突き出 た岬の部分には崖が多くみられるが，この崖は海水により侵食された海食崖で 侵食によりできた砂礫は，沿岸流によって運ばれ，湾の入口に堆積して砂州 を，沖合いの島との間に堆積してトンボロ（陸繋砂州）を作った。海鼠池なと 4つの池は，かつて入江であった部分が，砂州によってふさがれ，湖となっ た潟湖（ラグーン）である。Cの半島はかつて単独の島であったが，陸繋砂州 により上甑島とつながった陸繋島である。集落はトンボロの上や，おぼれ谷 の奥など，わずかな平地に立地している。

作業の解答

海岸平野　　　　　九十九里平野　　　　　　　　　　1：25 000　　　上総片貝

海岸平野の模式図

(解説)

　離水によって形成された海岸平野で，単調な海岸線をなしている。海岸付近は等高線が１本もないほど平坦であるが，海岸線と並行して帯状に分布する集落・畑地・水田などから，海岸平野を特色づける新旧の浜堤と堤間湿地の配列を読み取ることができる。九十九里浜には，海岸に納屋集落と呼ばれる「納屋」または「浜」地名の集落がある。内陸の「岡」地名の集落（岡集落）と納屋集落は，親村と子村の関係にある。「新田」地名の新田集落も，岡集落の子村である。

ンゴ礁　　　　与論島　　　　1：50 000　　与論島

読図

1．島を構成する岩石は何か。

2．主な土地利用は何か。その主作物は何と考えられるか。

(解説)

　与論島は隆起サンゴ礁の島で，島をとりまいて裾礁が発達している。島の大部分が石灰岩で構成されているためカルスト地形がみられ，各所に凹地のドリーネなどが分布し，南東部には「鍾乳洞」の表示もある。雨水の大半が地下に浸透するため水利に恵まれず，サトウキビを主作物とする畑作が行われる。

カルスト地形　　秋吉台　　1：25 000　　秋吉台

作業

1．おう地（A）や小おう地（B）を赤で着色せよ。
2．川を青で着色せよ。

解説

　カルスト地形は，石灰岩が二酸化炭素を含む水（雨）によっ〔〕溶かされてできた地形で溶食地形とよばれる。雨は石灰岩を〔〕かして窪地をつくり，小おう地で示されるすり鉢状のドリー〔〕や，おう地で示されるウバーレ（ドリーネが連続したもの）が〔〕られる。地下に浸透した水は，鍾乳洞を形成し，その出口に〔〕たる秋芳洞からは，川が流れだしている。カルスト台地上に〔〕河川は見られず，岩の記号は石灰岩の露岩を示している。

カルスト地形　　　　　　　　　　秋吉台

氷河地形　　立山　　1：50 000　　立　山

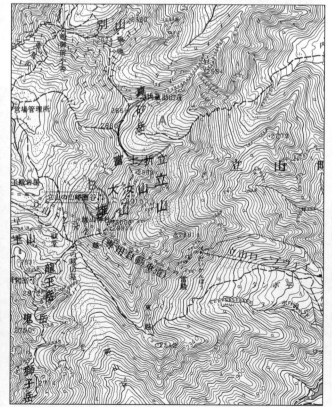

作業

1．A・Bはカールの範囲を示している。同様に山頂付〔〕で半円形の等高線で示されるところを赤で描け。
2．立山ロープウエイの標高差を読み取れ。

解説

　今から2万年前頃の最終氷期には，日本アルプスとよばれ〔〕飛騨・木曽・赤石山脈や北海道の日高山脈などの山頂付近に〔〕河が発達した。氷河は山頂付近の源流部にカール（圏谷）と〔〕ばれる馬蹄形のおう地を形成し，そこからU字谷を形成して〔〕れ下る。図では，別山から真砂岳，雄山に至る稜線の東側にい〔〕くつものカールがみられる。南の龍王岳，鬼岳付近にも小規〔〕なカールが並び，その東の御山谷は谷底が平坦なU字谷である〔〕冬の北西季節風の影響で，山頂付近の雪が吹きとばされ，積〔〕は稜線の東側に多いため，西側にはカールは少なく，あって〔〕Bのように小規模である。

氷河地形の模式図

海岸砂丘

庄内砂丘　　　　　　　　　　　　　　　　　1：25 000　　　十里塚・吹浦

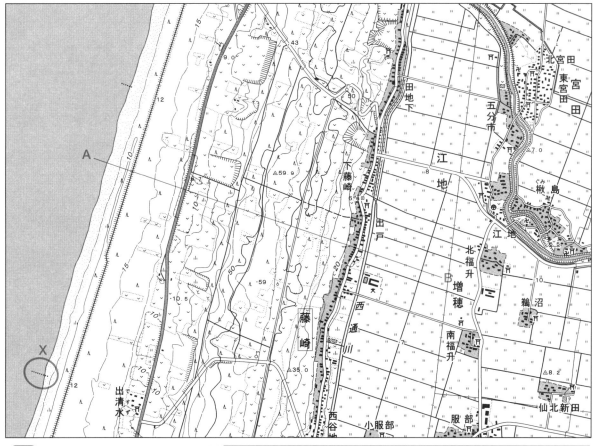

（作業）

1．10m，50mの等高線を赤でたどれ。
2．水田を黄，畑を茶，森林を緑で着色
せよ。
3．A－B間の断面図を描け。

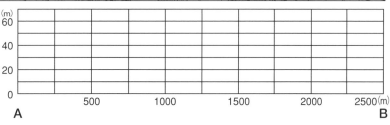

［読図］

1．海岸砂丘はどのようにしてできた
ものか。

2．藤崎の集落はどのような立地上の
特徴があるか。

3．海岸砂丘上の針葉樹林はどのよう
な役割をもつか。

4．海岸にみられるXの突起はどのよ
うな役割をもつか。

解説

　砂丘は，風によって運ばれた砂が堆積してできた丘や堤防状の高まりで，砂漠な
ど乾燥地域でみられるが，湿潤な地域でも，海側からの強い風が吹きつける砂浜海
岸の背後に海岸砂丘が形成される場合がある。日本では特に冬季に北西季節風が発
達する日本海側に，鳥取砂丘，新潟砂丘，庄内砂丘などの海岸砂丘が発達する。
　波によって砂が打ち上げられた浜堤（p.175の九十九里平野参照）は微高地である
ため，等高線ではほとんど読み取ることができないが，海岸砂丘は高さ数十mにお
よび，等高線から判断することができる。水の得にくい砂丘上は開発が遅れたが，
現在は畑として利用されているところもみられる。古い砂丘と新しい砂丘の間には
低地が形成されることも多く，図では砂丘の高い部分と風上側斜面は防風・防砂林
としての役割をもつ針葉樹林に，砂丘の間の低地と風下側斜面は畑に利用されてい
ることが読み取れる。砂丘の内陸側の水田地帯は河川の堆積作用によって形成され
た沖積低地で，集落は，沖積低地では自然堤防上に立地しているが，砂丘付近では，
砂丘と沖積低地の境界に立地している。後者の場所は防砂林で固定された砂丘によ
って冬の強い季節風がさえぎられ，さらに砂丘の内側の沖積低地に比べやや高いた
め，河川が氾濫しても水につかりにくい利点がある。
　近年は，ダムの建設などで河川による砂の供給量が減少し，沿岸流による海岸侵
食もみられるようになり，これを防ぐために海岸には，海に向かって垂直方向に突
出した水制が設置されている。

① 条里集落　〈5万分の1地形図「桜井」〉

② 屯田兵村　〈5万分の1地形図「札幌」〉

③ 散村（タウンシップ制）　―アイオワ州―（アメリカ合衆国）

〔アメリカ合衆国地形図〕

④ 散村―砺波平野　〈2万5千分の1地形図「砺波」〉

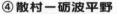
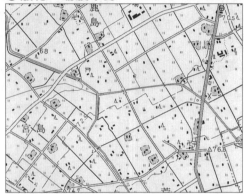

▼**条里集落**　方格地割に沿って道路や水路網が格子状につくられ，方形のため池，「六条」「七条」などの地名に特徴がある。

▲**屯田兵村**　明治時代の北海道で，開拓と防衛のために計画的につくられた集落。タウンシップ制をモデルにした格子状の区画を持つ。

◀**散村**（タウンシップ制）開拓時代のアメリカで，公有地を160エーカーずつの格子状に分割し，農家に割りあててできた村。

◀**散村**　近世の加賀藩の新田開発政策によって，家屋が一戸ずつ点在するように形成された村。家の周囲の開拓や農地の経営に便利な形態。どの地点でも水が得られるが，治安がよいことが成立条件。

⑤ 路村―武蔵野、新田集落　〈5万分の1地形図「青梅」「東京西北部」〉

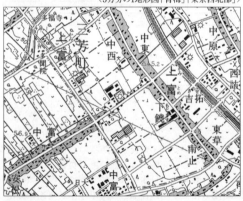

◀**路村**　17世紀末に川越藩が創設した三富新田の一つの上富新田。直線上の広い道路の両側に短冊状の地割がなされ，間口73mほどの宅地が配置，各農家の背後には奥行約680mの帯状畑地（雑木林をふくむ）が割りあてられた。

▶**宿場町**　旧東海道に沿って家が密集し，街村の形態をなす。

▲**門前町**　門前町は有名な寺院の門前に飲食店・旅館・土産物店などが建ち並び，街村形態になることが多い。ただし，ここでは市街地が拡大し街村は読み取りにくい。

⑥ 宿場町（三重県亀山市関町）　〈2万5千分の1地形図「亀山」〉

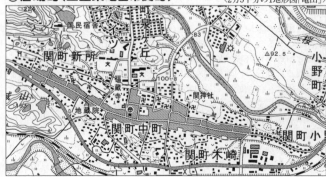

⑦ 門前町　〈2万5千分の1地形図「成田」〉

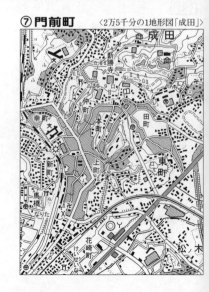

おもな地名のさくいん

【くいんの引き方】

例　ロンドン・・・・・・・・・・・・・・・・・・・40② D3N
　（五十音順に配列）　　（ページ）
　　　　　　　　　　　（図番号
　　　　　　　　　　　①の場合は省略）
（経線間のアルファベット文字）（緯線間の数字）
D・3のワク内の北側を意味する。北側＝N　南側＝S　中央部付近の場合はつけない
＊この例は実際の地図とは異なる。

【くいんを引くための注意】

さくいんの地名は、紙面の都合で学習上重要なものを選択して掲載している。
そのうちとくに重要な地名は◎太字で示し、その次に重要な地名は○をつけている。

日本の地名のなかで、同じ固有名をもった都市名や自然地名などが同一のさくいんである場合、次の表記をしている。
(例) あきた（平野）秋田・・・・・・・・・・・・84D5　＊都市名の秋田と秋田平野の両方のさくいんであることを示している。

外国地名に付記している記号は、次のものをさす。
● 都市の中の地域名　　■ 炭 鉱　　♯ 油 田　　✕ 鉱山　　∴ 名勝・史跡・歴史地名・世界遺産

外　国　の　部

【ア】		
＊イアンノブ✕・・・・・・62F6	○アトラス山脈・・・・・・38C-D3	○アラル海・・・・・・48H-I5
＊イオワ（州）・・・・・・52H3	◎アトランタ・・・・・・53J5N	○アリーカ・・・・・・58B4S
＊イスランド・・・・・・40B2S	アトランティックシティ・・・・・・53L4N	○アリススプリングス・・・・・・62E4S
＊イセル湖・・・・・・42D2N	○アドリア海・・・・・・40-41H-I7	○アリゾナ（州）・・・・・・52D5N
＊イゼンヒュッテンシュタット・・・・・・43G2	アナコンダ・・・・・・56D2S	アリューシャン海溝・・・・・・60E-F2
＊イホイ［愛輝］→ヘイホー［黒河］	アナトリア・・・・・・41L8	○アリューシャン列島・・・・・・60E-F2
・・・・・・27L1S	○アナトリア高原・・・・・・41L8N	アルヴィーダ・・・・・・53L2N
＊イモイデン・・・・・・42D2N	アナポリス・・・・・・53K4N	アルギザ→ギーザ・・・・・・38G3-4
＊イリッシュ海・・・・・・40D-E5N	○アナワク高原・・・・・・52F-G7S	アルグン川・・・・・・49N-O4S
＊イルランド・・・・・・40C-D5N	アナンバス諸島・・・・・・32D6	○アルザス・・・・・・43E3
＊イルランド島・・・・・・40C-D5N	アーネム岬・・・・・・62F2	○アルジェ・・・・・・38D3
＊イントホーフェン・・・・・・42D2	アーネムランド半島・・・・・・62E-F2S	○アルジェリア民主人民共和国・・・・38C-D4N
＊ヴィニョン・・・・・・42D5N	○アハガル高原・・・・・・38D4	○アルゼンチン共和国・・・・・・59C7
＊ウクスブルク・・・・・・43F3	○アバダン・・・・・・37E4S	アルタイ共和国・・・・・・48K4S
＊ウシュヴィッツ→オシフィエンチム・・・43I2S	○アバディーン・・・・・・40E4	○アルタイ山脈・・・・・・26D-E2
＊ナイル川・・・・・・38G5S	○アパラチア山脈・・・・・・50-51L-M5-6	アルタミラ∴・・・・・・40E7
＊オラキ山・・・・・・63M8S	○アバルア・・・・・・61G6N	○アルティプラノ・・・・・・58C4S
＊カディア国立公園∴・・・・・・53M3N	アピア・・・・・・60F5	○アルデンヌ高原・・・・・・42D-E2S
＊カデムゴロドク・・・・・・48K4	○アビシニア高原→エチオピア高原	○アルバカーキ・・・・・・52E4-5
＊カバ・・・・・・36B-C5N	・・・・・・38G-H6N	○アルバータ（州）・・・・・・50I4N
＊カプルコ・・・・・・51J-K8	◎アビジャン・・・・・・38C6	○アルバ島・・・・・・58B-C1
＊ガラス岬・・・・・・39F10	○アブカイク・・・・・・37E5S	アルバニア共和国・・・・・・41J-J7
＊カンザスシティ・・・・・・52G4	○アフガニスタン・イスラム共和国・・・・34B-C4N	アルバート湖・・・・・・39G6S
＊ーカンソー（州）・・・・・・52H4S	○アブジャ・・・・・・38D6N	アルハンゲリスク・・・・・・48G3
＊ーカンソー川・・・・・・52H4S	アフワーズ・・・・・・37E4S	アルフェルド平原→ハンガリー平原
＊キテーヌ盆地・・・・・・42B-C4S	○アペニン山脈・・・・・・40H7	・・・・・・43H-I4N
＊クラ・・・・・・38C6	◎アーヘン・・・・・・42E2	○アルプス山脈・・・・・・40G-H6S
＊グラ・・・・・・34E3	アボ山・・・・・・33H5	アルベルト運河・・・・・・42D2
＊クロン・・・・・・53J3S	○アマゾナス（州）・・・・・・58C3	アルマティ・・・・・・48J5S
＊グン山・・・・・・32F8	アマゾン横断道路→トランスアマ	○アルメニア共和国・・・・・・48G5S
＊コソンボダム・・・・・・38C-D6	ゾニアンハイウェイ・・・・・・58D3	アルル・・・・・・42D5
＊コンカグア山・・・・・・59B-C6N	○アマゾン川・・・・・・58B-C3	○アレクサンドリア・・・・・・38F-G3S
＊サバスカ湖・・・・・・50I-J4N	○アマゾン盆地・・・・・・58C3	アレッポ→ハラブ・・・・・・36C3
＊サハン川・・・・・・32B-C6	○アムステルダム・・・・・・40F-G5	アロフィ・・・・・・60F5S
＊サンソル・・・・・・35G4N	アムダリア川・・・・・・48I5S	○アンカラ・・・・・・41L7-8
＊シガバット・・・・・・48H6N	○アムノック川［鴨緑江］・・・・27K-L3S	アンガラ川・・・・・・49L4N
＊ジャール自治共和国・・・・・36C-D2	○アムール川・・・・・・49P4S	○アンカレジ・・・・・・50E-F3S
＊ジャンター∴・・・・・・34E4S	アムンゼン・スコット基地	アンゴラ→アンカラ・・・・・・41L7-8
＊スタナ・・・・・・48J4S	→南極点・・・・・・64②I1	○アンゴラ共和国・・・・・・39E-F8
＊ストラハニ・・・・・・48G5	○アーメダーバード・・・・・・34D4	○アンコール＝ワット∴・・・・・・32C4
＊スマラ・・・・・・38G5	◎アメリカ合衆国・・・・・・51J-L6	アンシャン［鞍山］・・・・・・27K3S
＊スワン・・・・・・38G4	○アメリカ高地・・・・・・64②L2	アンタナナリボ・・・・・・39H8S
＊スワンダム・・・・・・38G4	アモイ［厦門］・・・・・・27J7N	○アンダマン海・・・・・・32B4S
＊スワンハイダム・・・・・・38G4	アユタヤ・・・・・・32C4N	○アンダルシア・・・・・・44B-C3
＊スンシオン・・・・・・58D5	○アラカン山脈・・・・・・35H4-5	アンティオキア∴・・・・・・41M8S
＊ゼルバイジャン共和国・・・48G-H5-6	○アラスカ（州）・・・・・・50E3	アンティグア・バーブーダ・・51③F-G1
＊センション島・・・・・・47I6	○アラスカ山脈・・・・・・50E-F3S	○アンティポディーズ諸島・・・・・・60E-F7
＊ゾフ海・・・・・・41M6S	アラスカ半島・・・・・・50D-E4	○アンデス山脈・・・・・58-59B-C2-5
＊ゾレス諸島・・・・・・47H4N	アラスカ湾・・・・・・50F4N	○アントウェルペン・・・・・・42D2
＊タカマ砂漠・・・・・・58C5	アラハバード・・・・・・34F3S	アントファガスタ・・・・・・58B5
＊ダナ・・・・・・41M8	○アラバマ（州）・・・・・・53I5N	アンドラ公国・・・・・・40F7
＊チェ・・・・・・32B6N	○アラビア海・・・・・・37H-I7N	○アンドラ・プラデシュ（州）・・・・34E6N
＊ッサム（州）・・・・・・35H3	アラビア高原・・・・・・36C5	アンドララベリャ・・・・・・42C5
＊ッツ島・・・・・・60E2N	○アラビア半島・・・・・36-37E-F7N	○アンナプルナ山・・・・・・34F3N
＊ディスアベバ・・・・・・38G6N	アラビア湾→ペルシア湾・・・・・・37F5	アンナン山脈・・・・・・32D3-4
＊テネ・・・・・・41J8	◎アラブ首長国連邦・・・・・・37F6	アンホイ［安徽省］・・・・・・27J5S
＊デレード・・・・・・62F6-7	アラフラ海・・・・・・62F1	○アンボン・・・・・・33H7
＊デン・・・・・・36D-E8	アララト山→ビュユックアール山	アンマン・・・・・・36C4
＊デン湾・・・・・・36-37E8	・・・・・・48G6N	**【イ】**
＊トバラ川・・・・・・38G5		○イェーテボリ・・・・・・40H4
		イエナ・・・・・・43F2
		○イエメン共和国・・・・・・36E7S
		イェリヴァレ・・・・・・41J2

イエローストーン国立公園	
・・・・・・52D-E3N	
○イエローナイフ・・・・・・50I3S	
○イエンアン［延安］・・・・・・27H4	
イエンタイ［煙台］・・・・・・27K4	
イエンチー［延吉］・・・・・・27L3	
○イオニア海・・・・・・45G3	
イキーケ・・・・・・58B5N	
イギディ砂漠・・・・・・38C4	
○イキトス・・・・・・58B3	
◎イギリス・・・・・・40D4	
○イギリス海峡・・・・・・40D-E6N	
○イグアス滝・・・・・・58D5	
イサベラ島・・・・・・61⑥A2	
○イシク湖・・・・・・48J5S	
イシム川・・・・・・48J4	
イースター島→ラパヌイ島・・・・・・61I6	
○イスタンブール・・・・・・41K7S	
イーストロンドン・・・・・・39F10	
○イスパニョーラ島・・・・・51M-N7S	
イスファハーン・・・・・・37F4	
イズミット・・・・・・36A-B2S	
イズミル・・・・・・41K8	
◎イスラエル国・・・・・・36B4	
○イスラマバード・・・・・・34D2N	
○イタイプダム・・・・・・58D5	
イタビラ✕・・・・・・58E4S	
◎イタリア共和国・・・・・・40G-H7	
○イタリア半島・・・・・・40H-I7	
イーチャン［宜昌］・・・・・・27I5S	
イナリ湖・・・・・・41K2N	
イーニン［伊寧］・・・・・・26C3N	
イバダン・・・・・・38D6	
イパチンガ・・・・・・58E4S	
○イベリア高原・・・・・・40E7S	
○イベリア半島・・・・・・40D-E7S	
イポー・・・・・・32C6N	
◎イラク共和国・・・・・・36B4	
イラクリオン・・・・・・45I3S	
イラワジ川→エーヤワディー川・・・35I5-6	
◎イラン・イスラム共和国・・・37F-G4S	
○イラン高原・・・・・・37F-G4S	
イラン山脈・・・・・・32F6	
イリ［裡里］→イーニン［伊寧］・・・26C3N	
イリアンジャヤ→パプア・・・・33J7S	
イリ川・・・・・・48J5	
○イリノイ（州）・・・・・・53H-I3S	
○イルクーツク・・・・・・49M4S	
イルティシ川・・・・・・48I3-4	
イロイロ・・・・・・32G4S	
イワノヴォ・・・・・・48G4N	
○インヴァーカーギル・・・・・・63L9	
イングシェチア共和国・・・・41N-O7	
○イングランド・・・・・・42B-C2N	
インコウ［営口］・・・・・・27K3S	
○インゴルシュタット・・・・・・43F3	
インシャン山脈［陰山］・・26-27H-I3S	
○インスブルック・・・・・・43F3S	
○インダス川・・・・・・34C4	
○インダス平原・・・・・・34C3-4	
○インターラーケン・・・・・・43E4N	
インチョウン［銀川］・・・・・・26H4N	
○インチョン［仁川］・・・・・・27L4	

日 本 の 部

─── 本 地 図 帳 使 用 上 の 注 意 ───

1. 外国地名の表記

・原則として、日本語による表記も、欧文による表記も現地音を取り入れている。

・日本語表記においては、原則としてBはバ行、スペイン語圏を除くVはヴ行の表記とした。

・英文の省略

Basin ……… B.	Highland ……… H.	Peninsula ……… Pen.
Cape ……… C.	Island ……… I.	Plateau ……… Plat.
Channel ……… Ch.	Islands ……… Is.	Point ……… P.
Dam ……… D.	Lake ……… L.	River ……… R.
Depression ……… Dep.	Mountain ……… Mt.	Strait ……… Str.
Desert ……… Des.	Mountains ……… Mts.	Valley ……… V.
Falls ……… F.	National Park ……… N.P.	

2. 地図の記号

地図の記号はなるべく国土交通省国土地理院の地形図とあわせた。

3. 基本図・拡大図の出典

〔外国〕

地　形　タイムズアトラス、アトラスミーラ、ほか

山の高さ　理科年表、タイムズアトラス、主要国のアトラス、ほか

人　口　世界人口年鑑、ランドマクナリー・インターナショナルアトラス、各国の統計年鑑、ほか

国名・首都名　外務省資料、ほか

都市名・　リッピンコット地名辞典、ウェブスター地名辞典、デューデン地名

自然地名　発音辞典、タイムズアトラス及び主要国のアトラス、ほか

〔日本〕

地　形　国土地理院；50万分の1地方図、ほか

山の高さ　原則として国土地理院2.5万分の1地形図によったが、このほか万分の1地形図・20万分の1地勢図、及び「日本の山岳標高一覧（国土地理院）」も資料にしている。

人　口　住民基本台帳　人口・世帯数表

市町村名　国土行政区画総覧（国土地理協会）

自然地名　国土地理院；標準地名集、2.5万分の1地形図、ほか

土地利用　国土地理院；20万分の1土地利用図、ほか

4. 写真提供

アトラス・フォト・バンク、アフロ、アマナイメージズ、今泉俊文ほか編「活断層詳細デジタルマップ（新編）」東京大学出版会2018年、AFP＝時事、沖縄タイムス社、OPO、御嶽山火山防災協議会、海上保安庁、共同通信社、極地研究所/藤井行、Google earth、ゲッティ イメージズ、高知県四万十町、国土交通省東北地整備局、コービス、JMC、時事通信フォト、シーピーシー・フォト、水産航空、善寺、東京都下水道局、芳賀ライブラリー、パナソニックオートモーティブシステムズ/ゼンリン、PPS通信社、北方領土問題対策協会、ユニフォトプレス

5. その他

イ．統計の段階区分図の凡例では、中間段階における「以上・未満」の表は省略している。

ロ．資料図の国名は、一部を除いて通称国名を用いている。

（例）アメリカ…アメリカ合衆国、中国…中華人民共和国、韓国…大韓民国、北朝鮮…朝鮮民主主義人民共和国、南アフリカ…南アフリカ共和

ハ．イギリスは2020年1月にEUを離脱したが、統計年次によってはEUに含めている